Ausdauertraining für ältere Athleten

Ausdauertraining für ältere Athleten

Fit & leistungsstark bis ins hohe Alter

Stefan Schurr

Bibliografische Information der Deutschen Nationalbibliothek:
Die Deutsche Nationalbibliothek verzeichnet diese Publikation
in der Deutschen Nationalbibliografie; detaillierte bibliografische
Daten sind im Internet über www.dnb.de abrufbar.

Copyright Stefan Schurr – Winterbach 2021

Herstellung und Verlag:

BoD – Books on Demand, Norderstedt

ISBN-13: 978-3-7557-5123-6

Inhaltsverzeichnis

Einleitung

Ausdauersportler erreichen ihren Leistungshöhepunkt irgendwann zwischen 25 und 35 Jahren. Spätestens ab 4o geht es bergab, im Profisport ist man dann nicht mehr konkurrenzfähig. Trotzdem ist es möglich, auch jenseits der 40 noch außergewöhnliche sportliche Leistungen zu erbringen. Athleten zeigen in den unterschiedlichsten Disziplinen, dass sie noch nicht zum „alten Eisen" gehören und hängen mitunter auch deutlich jüngere Konkurrenten noch ab!

Was können Athleten jenseits der 50, 60 oder 70 noch leisten?

Sehen wir uns die Altersklassenrekorde in diversen Ausdauersportarten an, dann muss man sagen: Eine Menge! Es ist schon erstaunlich, wie manche Athleten ihre Leistungsfähigkeit im Altersverlauf auf einem hohen Niveau halten können.

Wie machen sie das?

Vermutlich mit dem richtigen, ihren Bedürfnissen angepassten Training!

Aber was heißt in diesem Zusammenhang richtiges Training?

Was bedeutet den Bedürfnissen angepasst?

Wie unterscheidet sich ein erfolgversprechendes Trainingskonzept eines 60 Jährigen von dem eines 30 Jährigen?

Mit Sicherheit erholt sich ein älterer Athlet nicht mehr so schnell von intensiven und belastenden Trainingseinheiten wie ein junger! Aber sollte er deshalb auf intensive Einheiten ganz verzichten? Stattdessen nur noch lang und langsam trainieren? Oder sollten sich Trainingsschwerpunkte lediglich etwas verschieben? Was ist mit Krafttraining? Stellt es nur eine zusätzliche belastende Komponente dar, oder gewinnt es mit zunehmendem Alter sogar zusätzlich an Bedeutung?

Fragen über Fragen!

Wir werden uns dem Thema schrittweise annähern und nach und nach aufdecken, in welchen Bereichen die größten Veränderungen von statten gehen. Wir werden Strategien erarbeiten, die den Leistungsverlust möglichst gering halten!

Zunächst widmen wir unseren Blick den Veränderungen, die sich im Körper eines Athleten im Verlauf seines Lebens abspielen. Wir werden sehen, welche Aspekte die Leistungsfähigkeit im Alter besonders einschränken und wie wir wirkungsvoll dagegen angehen können.

Des weiteren werden wir betrachten, wie die absoluten Zahlen aussehen. Mit welchen Einbußen hat ein Sportler im Laufe seines Lebens zu rechnen? Wie kann man Zeiten und Leistungen unterschiedlicher Altersklassen miteinander vergleichen?

Und zu guter Letzt schauen wir, wo wir unsere Trainingsschwerpunkte setzen sollten. Wir kümmern uns um jene Aspekte, die für den Leistungsrückgang vor allem verantwortlich sind. Und was wir tun können um ihn möglichst gering zu halten!

Alter & Leistungsfähigkeit

Was passiert in unserem Körper wenn wir älter werden?

Es sind viel unterschiedliche Ebenen und Teilsysteme des Organismus die betroffen sind und uns mit zunehmenden Alter auch immer mehr einschränken. Schwerpunkte und der zeitliche Verlauf können individuell ganz unterschiedlich ausfallen. Neben genetischen Faktoren spielen auch Umwelteinflüsse, wie zum Beispiel rauchen, übermäßiger Alkoholgenuss, Fehlernährung oder Bewegungsmangel eine große Rolle.

Prinzipiell unterscheiden wir beim Alterungsprozess zwischen hormonellen Veränderungen, Änderungen am Erbgut und weiteren Prozessen.

Die verminderte Ausschüttung von Wachstums- und Sexualhormonen ist die wesentliche hormonelle Einflussgröße, die vor allem eine Abnahme der Muskelmasse und eine verminderte Knochendichte nach sich zieht.

Der Rückgang der maximalen Herzfrequenz ist ein Folge der geringeren maximalen Stimulation der Sinusknoten. Die geht einher mit einer verminderten maximalen Leistungsfähigkeit. Der Sinusknoten ist eine Gewebestruktur im rechten Vorhof des Herzens, die aus Muskelgewebe und Nerven besteht. Von dort aus sendet der Knoten elektrische Impulse an das gesamte Herz, damit es sich zusammenzieht und Blut durch den Körper pumpt.

Wenn wir uns die Veränderungen am Erbgut betrachten, dann sehen wir, dass sich im Laufe der Zeit Schäden an der DNA anhäufen. Das kann ganz natürliche Ursachen haben, wie durch zufällige Kopierfehler hervorgerufen, oder durch äußere Einflüsse begünstigt sein.

Eine weitere Ursache für Schäden an der DNA sind sogenannte freie Radikale. Das sind hochreaktive Stoffe, die bei allen Stoffwechselvorgängen entstehen, an denen Sauerstoff beteiligt ist.

Die Anhäufung von chemisch veränderten und teilweise nicht mehr abbaubaren Proteinen und Lipiden ist ein weiterer Faktor für Alterungsprozesse.

Und letztendlich spielt auch der mechanische Verschleiß an Sehnen, Bändern, Gelenken, usw. eine Rolle. Ältere Athleten kennen das Phänomen, dass es immer irgendwo „zwickt und zwackt". Der Körper „läuft nicht mehr ganz so rund" wie früher!

Mit zunehmendem Alter werden dann vor allem die folgenden allgemeinen Merkmale offensichtlich und haben auch auf die sportlichen Leistungsfähigkeit mehr oder weniger ihren Einfluss:

- Die Talgdrüsen fahren ihre Produktion herunter, die Haut verliert an Elastizität und wird trockener.

- Das Haar wird dünner, wir bilden vermehrt graue Haare, viele müssen mit verstärktem Haarausfall zurechtkommen.

- Der hörbare Bereich wird kleiner, vor allem für Töne im hochfrequenten Bereich.

- Die Schlafqualität nimmt im Alter ab, oft verbunden mit häufigeren nächtlichen Wachphasen.

- Abnahme der Knochendichte. Der Stoffwechsel wird langsamer, das Resultat ist oft eine Gewichtszunahme.

Organsystem	Altersbedingte Veränderungen
Herz-Kreislauf-System	➡ Abnahme Gefäßelastizität und Arteriosklerose ➡ reduziertes Schlagvolumen und maximale Herzfrequenz
Lunge	➡ abnehmende Elastizität
Bewegungsapparat	➡ abnehmende Muskelmasse ➡ verminderte Knochendichte ➡ abnehmende Zugfestigkeit von Sehnen/Bändern ➡ Verschleiß des Gelenkknorpels
Nervensystem	➡ nachlassende Reaktionsfähigkeit ➡ verminderte Gedächtnisleistung
Sinnesorgane	➡ Leistungseinschränkungen (vor allem Augen/Gehör)
Haut	➡ Abnahme von Dicke und Elastizität

Tab.:   Alterserscheinungen (nach Güllich, 2013)

Das sind zunächst einmal ganz allgemeine Merkmale des Älterwerdens, denen sich keiner entziehen kann. Die angesprochenen Veränderungen -in Verbindung mit einem inaktiven Lebensstil- führen dann in verstärktem Maß zu unseren bekannten Zivilisationskrank- heiten wie Typ 2-Diabetes, Bluthoch- druck, koronare Herzkrankheiten, Fett- leibigkeit, Alzheimer, Demenz und so weiter.

Gegen diesen allgemeinen Trend können wir nichts ausrichten! Wir werden ein- fach älter! Was wir aber sehr wohl und sogar sehr wesentlich beeinflussen könn- en, ist der Umstand, wie schnell und wie hart es uns trifft! Und hier kommt eine aktive Lebensweise, in Verbindung mit gesunder Ernährung, maßgeblich ins Spiel! Die Wahrscheinlichkeit und Heft- igkeit altersbedingter Zivilisationskrank- heiten lässt sich dramatisch senken!

Ein weiterer Gesichtspunkt, der uns an dieser Stelle natürlich auch noch inter- essiert, ist die Abnahme der sportlichen Leistungsfähigkeit. Wie lassen sich die altersbedingten Leistungseinbusen mög- lichst gering halten?

Welchen Einfluss hat Training? Oder anders ausgedrückt: Wie kann uns Train- ing länger jung und leistungsfähig halten? Zahlreiche Untersuchungen deut- en darauf hin, dass der Einfluss eines aktiven Lebensstil enorm ist! Manche Wissenschaftler gehen davon aus, dass sich 60-70 Prozent der verminderten Leistungsfähigkeit im Alter durch das reduzierte Training erklären lassen. Nur etwa 30-40 Prozent sind biologischem Altern geschuldet.

Viele Veränderungen und damit Leist- ungsverluste ehemaliger Top-Athleten entstehen durch Aufgabe des Sports, stark vermindertes Trainingspensum und vor allem auch eine stark ver- minderte Trainingsintensität!

Die angesprochenen Punkte deuten da- rauf hin, dass es durchaus möglich ist, auch in höherem Alter noch ein hohes Fitnesslevel zu halten und herausrag- ende Wettkampfleistungen abzurufen!

Aussagen die Mut machen!

Leistungsfähigkeit im Altersverlauf

Wie leistungsfähig sind Athleten im höheren Alter? Wie hoch fallen Leistungsverluste mit den Jahren aus?

Wirft man einen Blick auf die leistungsstärksten Athleten in den unterschied-lichen Ausdauersportarten, dann sieht man die Grenzen der Leistungsfähigkeit im Altersverlauf. Altersklassenrekorde und Leistungsvergleiche über die unterschiedlichen Altersbereiche geben Aufschluss.

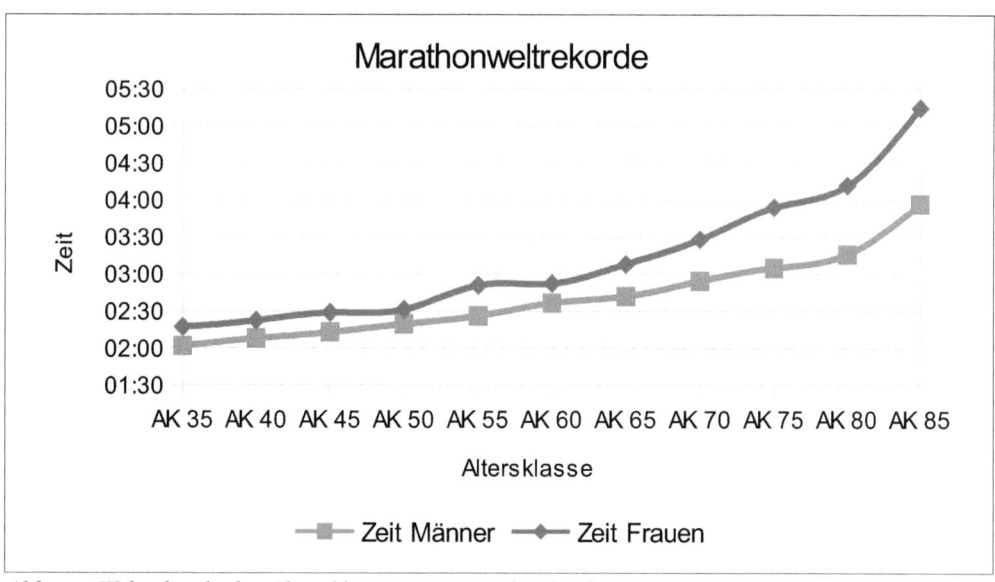

Abb.:   Weltrekorde der Altersklassen im Marathonlauf

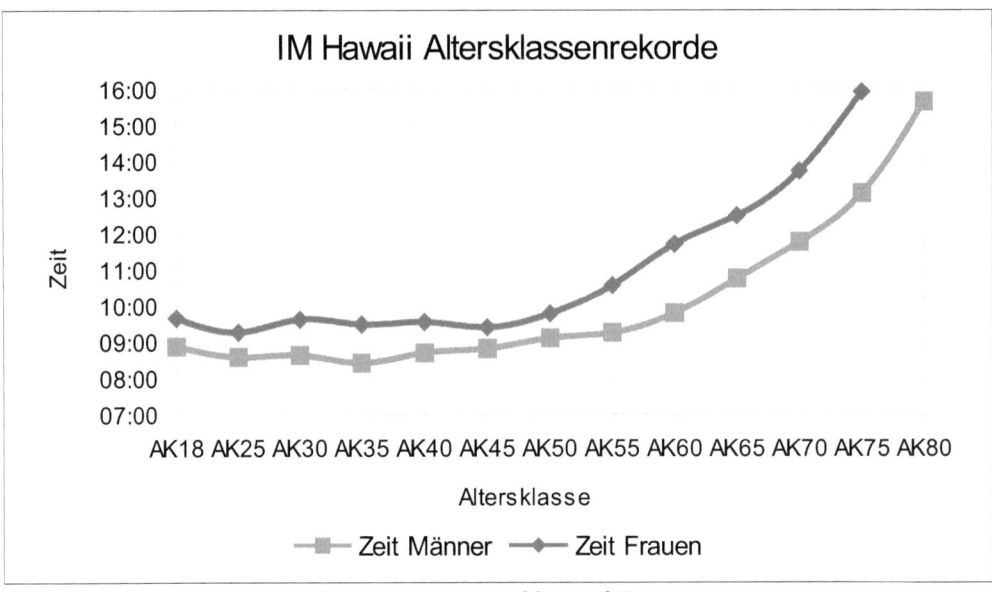

Abb.: *Altersklassenrekorde beim Ironman Triathlon auf Hawaii*

In den beiden Diagrammen sind Trends erkennbar:

➡ Ab der Altersklasse 50 macht sich der erste deutliche Leistungsabfall bemerkbar.

➡ Jenseits der Altersklasse 75 beschleunigt sich der Leistungsabfall noch ein mal deutlich .

Lepers u.a. (2010) stellten in Ihren Untersuchungen fest, dass die Ironman-Leistungen gegenüber kürzeren Distanzen in stärkerem Maße nachließen. Sie führen das unter anderem auch darauf zurück, dass die Athleten zwar mit langer Dauer, aber deutlich verminderter Intensität trainieren. Dadurch kommt es zu einem stärkeren Rückgang der maximalen Sauerstoffaufnahme, einem wichtigen Kriterium für Ausdauerleistungen. Athleten, die auf der kürzeren Distanz unterwegs sind, trainieren meist intensiver und können so ihre maximale Sauerstoffaufnahme länger auf einem höheren Niveau halten.

Der beschleunigte Leistungsabfall jenseits der 70 könnte zum Teil auch mit dem gesellschaftlichen Wandel zusammenhängen. Die Aufbaugeneration nach dem Krieg hatte mit Sport nicht viel am Hut. Heute ist es en vogue auch bis ins hohe Alter fit und aktiv zu sein. Man sieht in den Rekordlisten deutlich, dass die heute sechzig- bis siebzigjährigen alte Alterskassenrekorde zum Teil deutlich unterbieten. Gut möglich dass sich dieser Trend in den nächsten Jahren weiter fortsetzt und diese Athleten auch in den höheren Altersklassen neue Rekorde aufstellen!

Weitere Hinweise auf den Zusammenhang von Alter und Leistungsfähigkeit ergeben sich aus Längsschnittstudien ausgewählter Athleten: Wie veränderten sich ihre Leistungen und Leistungsparameter über einen längeren Zeitraum? Auch in Abhängigkeit ihrer veränderten Trainingsgewohnheiten: Es macht einen großen Unterschied, ob Athleten über längere Zeiträume ihre Trainingsgewohnheiten aufrecht erhalten hatten und mit weitestgehend identischen Umfängen und Intensitäten weiter trainierten, oder ob sie sich im Laufe der Jahre sukzessive weniger intensiv belasteten. Interessant ist in diesem Zusammenhang sicherlich auch, welchen Einfluss Trainingsumfang und -intensität auf den Leistungserhalt spielen!

Pollock u.a. (1987) untersuchten genau diesen in einer Längsschnittstudie über zehn Jahre: Sie untersuchten 24 Wettkampfathleten aus dem Mittelstrecken-lauf im Alter von 42 bis 59 Jahren: Es ging um die Entwicklung ihrer maximalen Sauerstoffaufnahme. Nach zehn Jahren waren zwar noch alle Athleten als aktive Läufer unterwegs, allerdings starteten nur noch 11 bei Wettkämpfen. Die restlichen 13 Athleten hatten ihr Training vor allem in der Intensität deutlich heruntergefahren, sie waren bei Ihren Läufen nur noch im langsamen Jogging-Tempo unterwegs. Die Umfänge hatten sie dennoch weitestgehend aufrecht gehalten, sie waren denen der aktiven Wettkämpfer ähnlich. Das Resultat: Nach besagten 10 Jahren reduzierte sich die maximale Sauerstoffaufnahme der Wettkampfathleten im Schnitt um 1,6 Prozent, ein überraschend niedriger Wert. Bei den Läufern, die ihr Training auf vergleichsweise gemütliche Jogging-Runden umgestellt hatten, lag der Verlust bei 12 Prozent. Ihre Zeit über eine Meile verlangsamte sich um 90 Sekunden! Vergleichsweise dramatische Werte, die einen deutlichen Hinweis darauf liefern, dass intensives Training auch im Alter einen entscheidenden Beitrag zum Erfolg leistungsorientierter Wettkampfathleten leistet!

Altersklassenvergleich

Die Leistungsfähigkeit im Alter nimmt unweigerlich ab. Daran können wir nichts ändern!

Wir haben im vorherigen Kapitel den Leistungsabfall im Altersverlauf anhand von Wettkampfzeiten und Altersklassenrekorden betrachtet. Interessant wäre in diesem Zusammenhang auch, wie sich Leistungen unterschiedlicher Altersklassen miteinander vergleichen lassen.

Genau diesen Gesichtspunkt hat sich Elmer Sterkens (2003) genauer unter die Lupe genommen. Mittels einer statistischen Analyse hat er Laufleistungen alters- und geschlechtsabhängig bewertet. In seine Betrachtung flossen Daten aus 5 Kilometer Rennen bis hin zur Marathondistanz ein. Distanzen, die dominant über das aerobe Energiesystem des Körpers bestimmt werden und sehr stark von der maximalen Sauerstoffaufnahme bestimmt sind! Seine Ergebnisse zeigten hier eine starke Korrelation mit weiteren Studien, die die Abnahme der maximalen Sauerstoffaufnahme im Altersverlauf untersucht hatten. Die lagen je nach Alter zwischen 0,5 und 0,9 Prozent pro Jahr. Seine Erkenntnisse lassen sich folgendermaßen zusammen:

- Sowohl Männer als auch Frauen haben ihr Leistungsmaximum um die 30 Jahre, bei längeren Strecken (Marathon) tendenziell 2 bis 3 Jahre später als auf den vergleichsweise kürzeren Distanzen (5km).
- Bis 40 verlieren sowohl Männer als auch Frauen lediglich 5 Prozent ihrer Leistung, bei 45 sind sie immer noch bei über 90 Prozent ihres Maximum.
- Im Alter von 60 sind Männer bei etwa 80 Prozent ihrer Maximalleistung angelangt, Frauen ver-

lieren etwas mehr ihres Leistungsvermögens und liegen bei 75 Prozent.

➡ Ab 70 beschleunigt sich die Abnahme vor allem bei den Männern noch ein Mal deutlich.

➡ Ab einem Alter von 55 Jahren sind die Leistungen über 5

Kilometer vergleichsweise besser als die auf der Marathondistanz

Die Werte, die Sterkens ermittelt hat, korrelieren damit ganz gut mit dem erwarteten Verlust der maximalen Sauerstoffaufnahme.

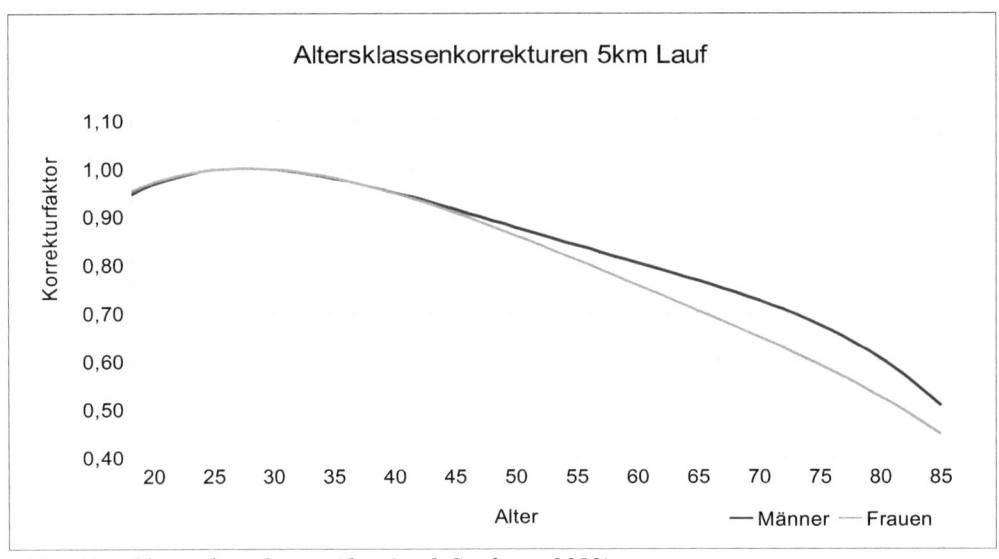

Abb.: Altersklassenkorrekturen 5km (nach Sterkens, 2003)

Alter	Korrekturfaktor Männer		Korrekturfaktor Frauen	
	5 km	Marathon	5 km	Marathon
30	1,000	1,000	1,000	1,000
35	0,979	0,987	0,980	0,989
40	0,949	0,959	0,948	0,959
45	0,914	0,922	0,907	0,916
50	0,876	0,882	0,859	0,865
55	0,839	0,840	0,809	0,808
60	0,803	0,797	0,757	0,747
65	0,766	0,751	0,704	0,682
70	0,725	0,699	0,649	0,613
75	0,673	0,634	0,590	0,538
80	0,604	0,545	0,524	0,452
85	0,506	0,422	0,447	0,349

Tab.: Alterskorrekturen für 5 km und Marathon (nach Sterkens, 2003, leicht modifiziert)

Alter & Leistungseinbusen

Mit welche Leistungseinbusen müssen wir rechnen wenn wir älter werden?

Welche Teilbereiche und -systeme des Organismus werden am stärksten beeinträchtigt?

Bereits im ersten Kapitel habe wir den Alterungsprozess und seine Ursachen besprochen. Es geht um hormonelle Veränderungen, Änderungen am Erbgut und weitere Prozesse, die sich dann auf die Organsysteme des Körpers mehr oder weniger stark auswirken.

Wenn wir das Ganze aus sportlicher Sicht betrachten, so kommen wir zu einigen entscheidenden Symptomen, die daraus resultieren und den alternden Athleten vor allem betreffen:

➤ Abnahme der maximalen Sauerstoffaufnahme (VO2max)

➤ Verlust an Muskelmasse

➤ Zunahme des Körperfettanteils

➤ Verminderte Elastizität und Steifigkeit von Sehnen und Faszien

➤ Verminderte Regenerationsfähigkeit

➤ Erhöhte Verletzungsanfälligkeit

Die Ursachen dieser Veränderungen sind vielfältig. Unter anderem sind sie durch die folgenden Umwandlungen im Körper begründet:

➤ Abnahme aerober Enzyme

➤ Verringerte Gesamtblutmenge

➤ Gefäße sind nicht mehr so elastisch, so dass das Herz mit höherem Druck arbeiten muss

- Gesamtzahl der Lungenkapillaren nimmt ab, ebenso deren Durchblutung, so dass der Organismus empfindlicher gegenüber einer CO_2-Anreicherung im Blut wird
- Anzahl und Größe der Mitochondrien nimmt ab, das sind Zellbestandteile, die für den Energiestoffwechsel eine ganz entscheidende Rolle spielen

Ein großes Problem älterer Athleten stellt mit Sicherheit deren eingeschränkte Regenerationsfähigkeit dar. Anpassungsprozesse an Trainingsreize dauern im Alter länger. Beschädigte Strukturen werden langsamer repariert. Einhergehend ist dies mit einer erhöhten Verletzungsanfälligkeit, vor allem bei sogenannten „High-Impact"-Sportarten, wie zum Beispiel dem Laufen.

Daraus lässt sich ableiten:

Die Reizdichte im Training muss für ältere Athleten geringer ausfallen.

Soll heißen:

Die Pausen zwischen intensiven Trainingseinheiten müssen länger ausfallen!

Diesen Gesichtspunkt muss man vor allem bei der Einplanung intensiver Trainingseinheiten berücksichtigen. Dem Thema Regeneration und Verletzungsprophylaxe werden wir uns in einem eigenen Kapitel noch ausgiebig widmen!

Wir wollen aber jetzt zunächst auf die vier ganz oben aufgeführten Punkte eingehen und sie nacheinander einer genaueren Betrachtung unterziehen.

Abnahme der VO2max

Die *maximale Sauerstoffaufnahme* (*VO2$_{max}$*) beschreibt die Zusammenfassung der Leistungsfähigkeit der Teilsysteme Atmung, Herz-Kreislauf und Muskelzellen bei maximaler Ausbelastung.

Damit repräsentiert sie das obere Limit des aeroben Stoffwechsels, also die Menge an Sauerstoff, die der Organismus maximal aufnehmen und verstoffwechseln kann. Sie wird auch als *aerobe Kapazität* bezeichnet und ist eine wichtige Basiskomponente für die Leistungsfähigkeit eines Athleten.

Schwere Athleten haben normalerweise mehr Muskelmasse, ein größeres Herz und ein höheres Blutvolumen. Daraus ergibt sich dann gegenüber leichteren Personen, mit vergleichbar ähnlichem Ausdauer-Leistungsvermögen, eine höhere maximale Sauerstoffaufnahme.

Für eine bessere Aussagekraft wird die VO2$_{max}$ deshalb auf das Körpergewicht bezogen. Wir sprechen dann von der relativen maximalen Sauerstoffaufnahme. So wird die Leistungsfähigkeit unterschiedlicher Sportler direkt miteinander vergleichbar. Frauen weisen gegenüber Männern etwa 5 bis 10 Prozent geringere Werte auf. Die zugehörige Formel lautet:

$$VO2_{max} = ml\ O_2\ /\ kg\ /\ min$$

Es ist ersichtlich, dass die relative VO2$_{max}$ schlechter wird, sobald das Körpergewicht nach oben geht. Den (altersbedingten) Einfluss einer Zunahme an Körperfett werden wir später noch erörtern.

Wird die maximale Sauerstoffaufnahme ermittelt, so ergeben sich zum Beispiel bei Tests auf dem Laufband oder Ruderergometer höhere Werte als auf dem Fahrrad. Das kommt daher, dass beim laufen und rudern mehr Muskelmasse im Einsatz ist. Eine Ausnahme bilden hoch trainierte Radsportler und Ruderer, die aufgrund ihrer sportartspezifischen Anpassung ihre VO_{2max} in ihrer Spezialdisziplin voll ausschöpfen können.

Eine abnehmende VO_{2max} hat einen sehr großen Einfluss auf die Leistungseinbusen im Alter, vermutlich ist das die Komponente an der sich die Verluste am deutlichsten bemerkbar machen. Verantwortlich sind sowohl die nachlassende Sauerstoffaufnahme, als auch der verschlechterte Transport. Ein verringertes Herzschlagvolumen sowie eine abnehmende maximale Herzschlagfrequenz leisten ebenfalls ihren Beitrag. Die maximale Herzfrequenz verringert sich pro Lebensjahr etwa um einen Schlag. Allerdings gibt es Studien, die darauf hindeuten, dass sich bei Athleten, die ihre Trainingsgewohnheiten (weitestgeh-

end) aufrecht halten und mit entsprechend hohen Umfängen und Intensitäten trainieren, geringere Abnahmen zeigen.

Es gibt weitere Faktoren, die sich ebenfalls auf die Abnahme der maximalen Sauerstoffaufnahme auswirken. Unter anderem sind dies die Sauerstofftransportkapazität des Blutes, die Ausbildung der Atemmuskulatur, oder die Aktivität und Anzahl oxidativer Enzyme in der Muskulatur. Wie groß der Einfluss der einzelnen Komponenten ist, ist schwer zu sagen. Unbestritten ist allerdings, dass die maximale Sauerstoffaufnahme im Alter abnimmt. Mit entsprechendem Training können wir darauf reagieren und die Abnahme verlangsamen!

Die maximale Sauerstoffaufnahme ist vermutlich der entscheidende Faktor für die Leistungsfähigkeit im Alter und damit ein wichtiger Ansatzpunkt um die Leistungsfähigkeit hoch zu halten. Ein Schlüssel zum Erfolg scheint intensives Training zu sein: Auch in höherem Alter!

Verlust an Muskelmasse

Mit zunehmendem Alter können wir eine Veränderung der Körperzusammensetzung feststellen: Es zeigt sich darin, dass der Körper aus mehr Fett und weniger Muskelmasse besteht! Um ein Mehr an Fett kümmern wir uns im nächsten Kapitel, hier geht es zunächst um den zunehmenden altersbedingten Verlust an Muskelmasse und damit natürlich auch der Kraft.

Die Abnahme der Muskelmasse bezeichnet man als Sarkopenie. Ab dem 40. Lebensjahr fängt ein kontinuierlicher Abbau an. Sofern man nichts dagegen tut! Denn auch hier zeigen Studien, dass Training einem Muskelabbau entgegenwirken kann. Bei vergleichsweise „schlechter Ausgangslage" ist es sogar möglich, dass man bis ins hohe Alter mit entsprechendem Training durchaus auch noch Kraft und Muskelmasse aufbauen kann!

Die Hauptursache für den Rückgang von Muskelmasse und Kraft im Alter ist der mangelnde Gebrauch!

Im Körper kommen zwei Arten an Skelettmuskulatur vor: langsam kontrahierende „slow twitch" (ST) und schnell kontrahierende „fast twitsch" (FT) Fasern. ST-Fasern sind deutlich ermüdungsresistenter, können allerdings auch deutlich weniger Kraft pro Kontraktion generieren. Und dies, wie der Namen erahnen lässt, auch deutlich langsamer!

Die Muskelfaserverteilung ist zu einem großen Teil genetisch bedingt und durch Training nur bedingt beeinflussbar. Allerdings kann die Muskulatur durch Training sowohl in ihrer nervalen Ansteuerung, als auch in ihrem Energiestoffwechsel beeinflusst werden. Durch widerstandsorientiertes Training nimmt unter anderem die Faserdichte zu, der Muskel kann mehr Kraft entfalten. Durch ein Ausdauer-, bedingt auch durch ein Krafttraining, steigert sich die Durchblutung in der Muskulatur, die Energiebereitstellung in den Muskelzellen verbessert sich.

Vom Muskelabbau sind vor allem die schnell zuckenden Fasern betroffen. Ein Grund dafür, dass viele Athleten in schnelligkeits- und schnellkraftgeprägten Sportarten spätestens mit Mitte 30 ihre Kariere beenden. In Ausdauersportarten sind bis über die 40 Jahre hinaus noch herausragende Leistungen möglich. Auch im Profisport. Beispiele sind der Radprofi Chris Horner, der im Alter von 41 Jahren noch die 3-wöchige Landesrundfahrt in Spanien gewinnen konnte, oder Triathlet Mark Allen, der sich mit 42 Jahren noch den zweiten Platz bei der Ironman-Weltmeisterschaft auf Hawaii ergattern konnte!

Der Muskelabbau ist vor allem einer verminderten Hormonproduktion geschuldet, hier sprechen wir bei Männern vor allem vom Testosteron. Bei Frauen geht die Östrogenproduktion zurück, der Effekt auf den Muskelabbau ist nicht ganz so ausgeprägt, ab auch vorhanden.

Auch die Produktion von Wachstumshormon und insulinähnlichem Wachstumsfaktor geht zurück, beide wirken sich ebenfalls auf den Verlust von Muskelmasse aus.

Die gute Nachricht: Wir können dem Muskelabbau entgegenwirken. Zahlreiche Studien deuten darauf hin, dass die Hauptursache für Muskelabbau im mangelnden Gebrauch derselben liegt. Ältere Menschen sind oft inaktiver als in ihrer Jugend. Das Resultat: Weniger Muskelmasse, dafür mehr Körperfett! Krafttraining sowie intensives Training wirken dem Effekt entgegen und halten den Athleten leistungsfähig!

Zunahme an Körperfett

Wir haben es im vorherigen Kapitel bereits angesprochen: Ältere Menschen sind oft inaktiver als in ihrer Jugend. Das Resultat: Weniger Muskelmasse und Kraft, dafür mehr Körperfett!

Dabei ist der Körperfettanteil ein entscheidendes Kriterium für die sportliche Leistung. Vor allem in Ausdauersportarten, in denen das eigene Körpergewicht getragen werden muss! Läufer können ein Lied davon singen! Hier zählt jedes Kilo, vor allem dann, wenn es den Berg hoch geht! Und das unabhängig vom Alter!

Kandel, Baeyens & Clarys haben 2013 eine Studie durchgeführt, die im Zusammenhang mit dem Körpergewicht interessante Gesichtspunkte zur möglichen Wettkampfperformance von Athleten hervorbrachte.

Es ging um die Abhängigkeit unterschiedlicher Kriterien mit dem Wett-kampfergebnis in einem Ironman. Also im Prinzip um die Frage:

„Was zeichnet erfolgreiche Athleten (innerhalb ihrer Altersklasse) aus?"

Ein überraschendes Ergebnis ist die Tatsache, dass nur einen untergeordneter Zusammenhang von Wettkampfergebnis und Trainingsumfang herrscht. Zwar gilt ein gewisser Mindest-Trainingsumfang als Voraussetzung um eine Ironman-Distanz erfolgreich zu bewältigen, im Feld der schnellsten Athleten waren aber Sportler vertreten, die sich in ihren Trainingsumfängen zum Teil deutlich voneinander unterschieden. Es muss also weitere Kriterien für schnelle Wettkampfzeiten geben!

Welche sind dies?

Den größten Zusammenhang stellte die Studie zu den sogenannten Somatotypen der Sportler, sowie deren Körperfettgehalt, fest. Der Somatotyp beschreibt die Körpergestalt des Athleten. Wir unterscheiden drei Typen:

→ *ektomorph*: hager, dünn, schlaksig, mit geringem Körperfettgehalt

Der ektomorphe Typ wird durch einen kurzen Oberkörper, lange Arme und Beine, schmale Füße und Hände, sowie sehr geringe Fettspeicherung charakterisiert. Erkennbar sind ein eher kleiner Brustkorb und schmale Schultern, sowie meist lange, dünne Muskeln.

→ *mesomorph*: athletisch, muskulös

Kennzeichen sind ein mächtiger Brustkorb, der Körper in V-Form (Sanduhrform bei Frauen), markante Wangenknochen und massiver Unterkiefer.

Fettanlagerungen sind im allgemeinen nur an Bauch und Hüfte erkennbar. Der mesomorphe Typ hat meist große Hände und Füße, einen langer Oberkörper, kräftige Muskulatur und große Körperkraft.

→ *endomorph*: weicher Körpertyp, hoher Körperfettgehalt

Endomorphe Typen sind durch eine weiche Muskulatur, kurze Arme und Beine, ein rundes Gesicht und einen kurzer Hals charakterisiert.

Die wenigsten Menschen lassen sich eindeutig einem einzelnen Somatotypen zuordnen, normalerweise treten Mischformen mit mehr oder weniger großer Dominanz eines Typen auf.

Doch zurück zur Studie! Was sind die Ergebnisse?

Es zeigte sich, dass die schnellsten Athleten innerhalb ihrer Altersklassen dünn, hager und mit wenig Körperfett ausgestattet sind. Der Zusammenhang dieser Kriterien mit der erreichten Zielzeit erwies sich als deutlich größer, als zum Beispiel zwischen Wettkampfergebnis und Trainingsumfang! Mit einer Einschränkung: Bei den weiblichen Athletinnen konnte der Zusammenhang nicht so eindeutig belegt werden!

Schlüsselt man das Ganze noch auf die einzelnen Disziplinen auf, so ergibt sich die größte Korrelation beim Laufen. Das verwundert nicht, da beim Laufen das eigene Körpergewicht getragen wird. Eine geringe Körpermasse ist hier von besonders großem Vorteil! Beim Schwimmen ist der Zusammenhang am wenigsten ausgeprägt, auch das verwundert nicht. Schließlich trägt hier das Wasser den Athleten, ein Einfluss der Köpermasse auf die Performance ist quasi nicht vorhanden. Das Radfahren nimmt eine Mittelstellung ein: auf der

Ebene behindert das eine oder andere Kilo Mehrgewicht nicht, am Berg merkt man es dagegen deutlich! Nicht umsonst sind Zeitfahrspezialisten unter den Radprofis eher kräftiger gebaut. Wogegen die Bergspezialisten hager und extrem dünn daherkommen.

Seine Veranlagung und seinen Körpertyp kann man nur sehr bedingt beeinflussen, den Anteil an Körperfett, und damit auch die „Verschiebung" in Richtung hager und leicht, sehr wohl. Vor allem beim abschließenden Lauf trennt sich im Triathlon dann die Spreu vom Weizen. Spätestens jetzt setzen sich die durchtrainierten, hageren Athleten vom Rest des Feldes ab!

Fitzgerald (2013) kommt bei seinen Betrachtungen zur optimalen Wettkampfform zu ähnlichen Schlussfolgerungen. Er postuliert, dass „ein niedriger Körperfettgehalt das einzige anthropometrische

Charakteristikum ist, das alle Profiausdauersportler miteinander verbindet"! Unabhängig von der Sportart, in der sie starten.

Die Körperzusammensetzung ist ein hervorragender Indikator für die sportliche Leistungsfähigkeit. Beim Ausdauerathleten korrelierte der Körperfettgehalt sehr stark mit der Wettkampfzeit. Unabhängig vom Alter! Also „lohnt" es sich auch für leistungsorientierte ältere Athleten auf diesen Bereich einen genauen Blick zu werfen. Eine gesunde, bedarfsangepasste Ernährung wirkt Wunder und hat den angenehmen Nebeneffekt, dass sie sich auch auf die Regeneration äußerst positiv auswirkt!

Männliche Top-Athleten haben einen Körperfettanteil im Bereich von sechs bis zehn Prozent, weibliche Top-Athletinnen bewegen sich im Bereich von 12-16 Prozent.

Verminderte Elastizität und Beweglichkeit

Eine ausreichende Beweglichkeit ist sowohl für den leistungsorientierten Athleten als auch den gesundheitlichen Erhalt der Alltagsmobilität wichtig. Zunächst ein mal unabhängig vom Alter. Bestimmt wird sie neben äußeren Faktoren, wie zum Beispiel Temperatur, Luftfeuchtigkeit oder Tageszeit, vor allem durch die mechanische Beweglichkeit, die durch die Gelenkstrukturen vorgegeben ist, sowie das tendomuskuläre System. Das betrifft Muskeln, Sehnen, Bänder, Faszien und die Gelenkkapsel. Das ist der Bereich, den wir mit Trainingsmaßnahmen beeinflussen können.

Muskulatur und Bindegewebsstrukturen (unter anderem Faszien) verändern sich im Verlauf des Lebens in ihrer Elastizität teilweise dramatisch.

Kleinkinder erreichen bei durchgestreckten Beinen ohne Probleme mit ihren Fingerspitzen die Zehen. Mit dem Längenwachstum in der Pubertät verändern sich dann die Körperproportionen. Die Muskulatur passt sich nur verzögert an, so dass es hier auch zu Missständen und Fehlbelastungen kommen kann. Eine sensible Phase in der körperlichen Entwicklung.

Langsam werden Knochen, Sehnen und Bänder fester. Im Erwachsenenalter wird dem Beweglichkeitstraining meist nicht die große Aufmerksamkeit gewidmet, die es eigentlich verdient hätte. Der Athlet ist voll belastbar, hat vergleichsweise wenig mit Verschleiß und Verletzungen zu tun. Kommt dann aber mit zunehmendem Alter noch eine entsprechende Inaktivität hinzu, so sind die Auswirkungen auf die Beweglichkeit enorm. Und mit zunehmendem Alter werden Einschränkungen immer offensichtlicher.

Im Lauf des Alterns reduziert sich die Beweglichkeit vom 5. Lebensjahr bis zum Greisenalter um etwa die Hälfte. Ein enormer Verlust! Besonders ausgeprägt ist er in der Pubertät und ab etwa dem siebten Lebensjahrzehnt.

Ursachen sind vor allem die folgenden:

- ➤ Umorganisation der Muskulatur, zunehmende Bindegewebseinlagerungen
- ➤ Abnahme der Elastizität des Bindegewebes durch verminderte Wassereinlagerung
- ➤ Gelenke verändern ihre Form
- ➤ der Gelenkstoffwechsel verändert sich
- ➤ entzündliche Stoffe lagern sich in Gelenken ab
- ➤ veränderte nervale Ansteuerung der Muskulatur

- ➤ strukturelle Veränderungen im Muskelgewebe

Man sieht, dass es sich bei der Beweglichkeit und Elastizität von Bindegewebe sowie Muskulatur um ein vielschichtiges Thema handelt. Die gute Nachricht ist aber auch hier, dass sich viele der degenerativen Prozesse und Einschränkungen vermindern lassen und wir durch ein entsprechendes Training gegensteuern können.

Beweglichkeitstraining kann in allen Lebensphasen zu verbesserter Elastizität, Beweglichkeit und Fitness beitragen und die Leistungsfähigkeit wirkungsvoll unterstützen!

Leistungsverlust entgegenwirken

In den vergangenen Kapiteln haben wir die Leistungsfähigkeit im Altersverlauf beschrieben. Wir haben wesentliche Gründe für die nachlassende Wettkampfleistung gefunden. Fragen, die sich für uns daraus ergeben, sind:

Wie können wir altersbedingte Verluste in der sportlichen Leistung minimieren?

Wie müssen wir im Training auf altersbedingte Einschränkungen einwirken und das Training gegebenenfalls anpassen?

Zunächst einmal unterscheidet sich das Training eines älteren Athleten nicht grundsätzlich vom Training eines jüngeren! Allerdings gilt es einige Besonderheiten zu beachten und entsprechende Schwerpunkte zu setzen. Das betrifft vor allem auch die Belastungsverträglichkeit und Regeneration nach intensiven Einheiten. Der Körper eines älteren Athleten braucht länger um sich an Trainingsreize anzupassen!

Wir wollen uns in den folgenden Unterkapiteln die wesentlichen Gesichtspunkte des Trainings einmal genauer anschauen und wie wir dem im letzten Kapitel angesprochenen Leistungsverlust entgegenwirken können!

Ausdauertraining

Ausdauerleistungen sind vor allem vom aeroben Stoffwechsel abhängig. Bereits bei einer Wettkampfdauer von 90 Sekunden wird die Hälfte der Energieversorgung über den aeroben Stoffwechsel gedeckt. Und je länger der Wettkampf wird, desto dominanter wird er. Somit stellt die **maximale Sauerstoffaufnahme (VO2max)** ein wichtiges Bruttokriterium für die Ausdauerleistung dar. Wichtig ist in diesem Zusammenhang aber auch der Prozentsatz der VO_{2max}, der über einen längeren Zeitraum aufrecht erhalten werden kann. Dies zeigt sich an der **Leistungsfähigkeit an der individuellen anaeroben Laktatschwelle (IANS).** Sie repräsentiert die höchstmögliche Leistung, bei der sich ein Fließgleichgewicht von Laktatauf- und -abbau im Körper einstellt. Der Grenzwert, bei dem die Bildung den Abbau übersteigt, wird **maximales Laktat-Steady-State**

(maxLass) genannt und als **Dauerleistungsgrenze** angesehen. Sie korreliert in etwa mit der Leistung, die eine Stunde aufrecht erhalten werden kann. Ein Training der VO_{2max} beeinflusst auch die Höhe der individuellen anaeroben Schwelle.

Ein weiterer wichtiger Faktor ist die **Bewegungsökonomie.** Sie zeigt sich im Energieaufwand, der benötigt wird, um eine gegebene Leistung zu erbringen.

Die **anaerobe Kapazität** beschreibt den Energiestoffwechsel, der ohne Beteiligung von Sauerstoff abläuft. Er ist vor allem bei Belastungen unter 90 Sekunden ein entscheidendes Kriterium.

Aus den genannten Faktoren ergibt sich das klassische Modell der Einflussfaktoren auf die Ausdauerleistung nach Bassett und Howley auf der gegenüberliegenden Seite.

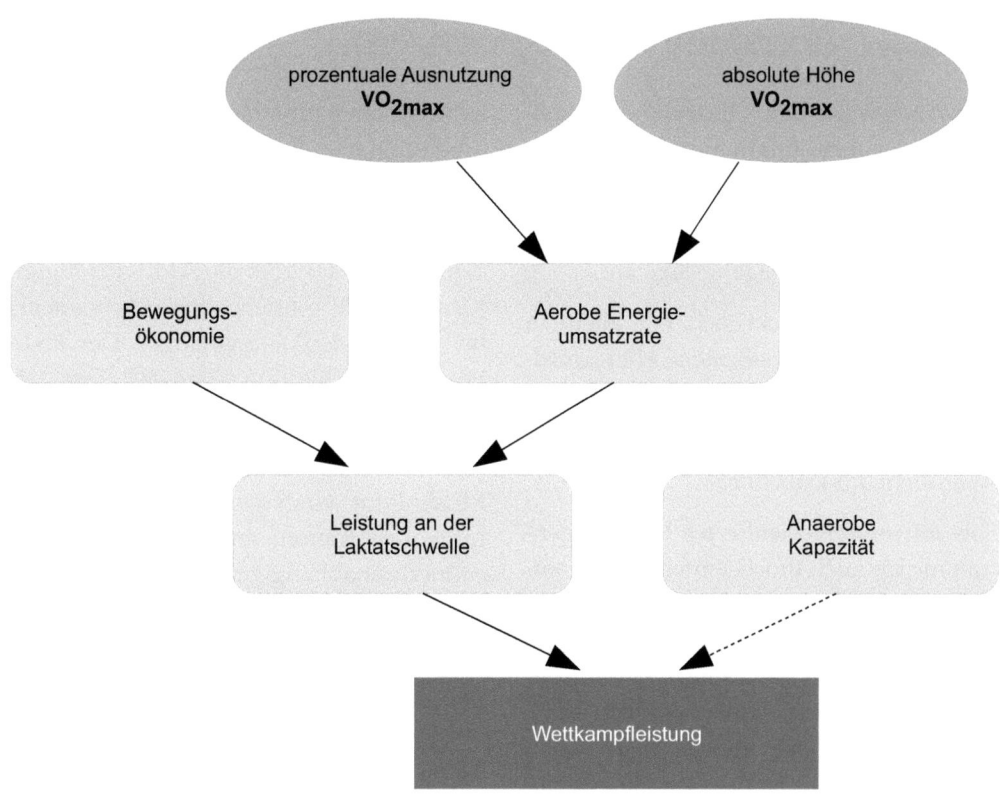

Abb.: Klassisches Modell der Einflussfaktoren auf die Ausdauerleistung
(Bassett und Howley, 1997, modifiziert)

VO2_{max} Abnahme entgegenwirken

Wie können wir den Abnahme der maximalen Sauerstoffaufnahme entgegenwirken?

Können wir sie gar verbessern? Kommt natürlich auf die Ausgangslage an!

Die Lösung versteckt sich vor allem in intensiven Trainingsformen! Hier werden die größten Reize für die Sauerstoffausschöpfung gesetzt.

Aber nicht ausschließlich!

Sowohl umfangorientiertes Grundlagentraining als auch (hoch-) intensives Training regen die Neubildung von Mitochondrien in den Muskelzellen an. Eine ihrer wichtigsten Funktionen ist die Neubildung von Adenosintriphosphat (ATP), dem universellen Energieträger aller Zellen und entscheidenden Faktor im Energiestoffwechsel und der Ausbildung der maximalen Sauerstoffaufnahme. Da diese Bildung bei den beiden Trainingsformen über unterschiedliche Reizverarbeitungen erfolgt, ergänzen sie sich optimal.

Die Reizverarbeitung im hochintensiven Training erfolgt über die AMP-abhängige Kinase (AMP = Adenosinmonophosphat) bei zellulären Energiemangel. Der erste Weg der Neubildung.

Bei lockerem Training über einen längeren Zeitraum herrscht innerhalb der Muskulatur eine dauerhaft hohe Kalziumkonzentration, es kommt zu einer calmodulinabhängigen Kinase (CaMK). Der zweite Weg der Neubildung.

So ergänzen sich niederintensives (NIT) und hochintensives (HIIT) Training bei der Neubildung von Mitochondrien. Und damit auch indirekt bei der Erhöhung der so wichtigen maximalen Sauerstoffaufnahme.

Das optimale Verhältnis von NIT zu HIIT liegt bei etwa 80:20 bis 90:10. Folgt man diesem Ansatz, ist auch offensichtlich, dass lange Grundlageneinheiten nicht einfach durch ein „Mehr" an intensivem Intervalltraining ersetzt werden können. Eine Kombination beider Trainingsbereiche bringt letztendlich den Erfolg!

(Hoch-) intensive Intervalle (HIIT) zielen also vor allem auf eine *Verbesserung der maximalen Sauerstoffaufnahme*, haben aber viele weitere positive Effekte. Untersuchungen haben gezeigt, dass mit einer Steigerung der VO_{2max} auch die *Leistungsfähigkeit bei niedrigeren Intensitäten* signifikant ansteigt.

Die positiven Auswirkungen auf die *Höhe der individuellen anaeroben Schwelle (IANS)* haben wir bereits angesprochen. Es verbessert sich die Leistung, die über einen längeren Zeitraum aufrecht erhalten werden kann und ist damit natürlich entscheidend für die Wettkampfperformance von Ausdauersportlern.

Was sind die wesentlichen Aspekte, die wir bei intensivem Training berücksichtigen sollten?

Studien (Hoppeler, et al, 2008; Tabata I. Et al., 1996) deuten darauf hin, dass *die Belastungsdauer an der VO_{2max} eine Schlüsselstellung zur Verbesserung der aeroben Ausdauer darstellt*. Und hier kommen jetzt die wesentlichen Vorteile eines (hoch-) intensiven Intervalltrainings richtig zum tragen: Intervalle bieten durch die kurzen Belastungspausen die Möglichkeit, längere Zeit im Bereich der VO_{2max} zu trainieren. Gleichzeitig wird aber der physische Stress relativ gering gehalten. Ein wichtiger Aspekt, auch wenn wir an die verminderte Belastungsverträglichkeit und längere Regenerationszeiten im Alter denken!

Bewegungsökonomie

Wie lässt sich die Bewegungsökonomie am besten trainieren?

Einerseits über Umfänge, da hier die Bewegung durch die Wiederholungen gewissermaßen „eingeschliffen" und optimiert wird.

Andererseits hilft auch ein sportartspezifisches Technik- und Koordinationstraining. Auch hier findet eine Effizienzsteigerung statt. Indem unnötige Bewegungen reduziert oder eliminiert werden, wird der Energieeinsatz für die Bewegungsausführung optimiert. Das Resultat: Der Athlet spart wertvolle Kräfte: Weniger Energieaufwand für eine gegebene Geschwindigkeit. Oder mehr Geschwindigkeit bei gegebenem Energieeinsatz!

Neben diesen beiden Gesichtspunkten ist auch Krafttraining und Schnelligkeits-/Schnellkrafttraining äußerst effektiv.

Hier geht es dann um neuronale Anpassungen, also die effiziente Ansteuerung der Muskulatur über das Nervensystem. Das Training in höherem Geschwindigkeitsbereich verbessert also auch die *Bewegungsökonomie* und verhilft damit zu einem effizienteren Umgang mit den körpereigenen Ressourcen. Der Energieverbrauch bei einer gegebenen Geschwindigkeit wird geringer, bei maximaler Ausnutzung der VO_{2max} wird eine höhere Endgeschwindigkeit erreicht.

Gerade der Aspekt der Bewegungsökonomie ist ein oft unterschätztes Kriterium, das sich, neben einem sportartspezifischen Koordinationstraining, eben auch sehr effektiv mit Training in höheren Geschwindigkeiten schulen lässt! Also Sprinttraining und HIIT.

(Hoch-) intensives Intervalltraining (HIIT)

Im Gegensatz zu einem Dauertraining, bietet Intervalltraining durch die kurzen Belastungspausen die Möglichkeit, länger im Bereich der VO_{2max} zu trainieren. Gleichzeitig wird der physische Stress relativ gering gehalten. Wie wir das durch Variation einzelner Parameter entsprechend gestalten können, sehen wir im folgenden noch.

Ein Blick auf die zahlreichen Effekte, die sich durch hochintensives Intervalltraining erreichen lassen, verdeutlicht das enorme Potenzial, das sich hinter dieser Trainingsform verbirgt:

- Untersuchungen haben gezeigt, dass mit einer Steigerung der VO_{2max} auch die ***Leistungsfähigkeit bei niedrigeren Intensitäten*** signifikant ansteigt.
- Ein Training in höherem Geschwindigkeitsbereich verbessert die ***Bewegungsökonomie*** und verhilft damit auch zu einem effizienteren Umgang mit den körpereigenen Ressourcen. Der Energieverbrauch bei einer gegebenen Geschwindigkeit wird geringer, bei maximaler Ausnutzung der VO_{2max} wird eine höhere Endgeschwindigkeit erreicht.
- Verbesserung der ***Säuretoleranz.*** Durch extrem hohe Intensitäten wird im Körper sehr viel Laktat produziert, so dass der Athlet lernt, mit diesen hohen Konzentrationen „umzugehen". ***Laktatkompensation, sowie -elimination,*** verbessern sich.
- Vermehrte ***Kapillarisierung in der Muskulatur*** und damit eine gesteigerte Sauerstoffausschöpfung. Kapillaren stellen die

kleinste Einheit der Blutgefäße dar. Sie verzweigen sich innerhalb der Muskulatur in einem System feinster Röhrchen und sind unter anderem für die Anlieferung von Sauerstoff und Energie sowie den Abtransport von Stoffwechselendprodukten verantwortlich. Durch den Ausbau und die feineren Verzweigungen kommt es zu einer verbesserten Sauerstoffausschöpfung.

➡ Zunahme der *Mitochondrien*: Hier laufen die eigentlichen Stoffwechselprozesse in der Muskulatur ab. Mitochondrien stellen der Zelle das zur Energiegewinnung notwendige Molekül Adenosintriphosphat zur Verfügung.

➡ Zunahme der *Aktivität aerober Enzyme*. Es handelt sich um Proteine, die biochemische Reaktionen im aeroben Stoffwechsel katalysieren, also die Energiegewinnung unter Einfluss von Sauerstoff unterstützen und verbessern.

Das intensive Training oberhalb der anaeroben Schwelle zielt vor allem auf drei physiologische Anpassungen ab. Durch Manipulation unterschiedlicher Trainingsparameter kann die Wirkung der Anpassung beeinflusst werden:

➡ Erhöhung der VO_{2max}

➡ Verbesserung der anaeroben Energiebereitstellung

➡ neuromuskuläre Anpassungen (Zusammenspiel Muskulatur – Nervensystem)

Hochintensives Intervalltraining (HIIT) ist durch einen planmäßigen Wechsel von Be- und Entlastungsphasen geprägt. Die Intensität in der Belastungsphase liegt oberhalb der anaeroben Schwelle. Die Entlastungsphasen können passiv oder aktiv durchgeführt werden. Durch die Kombination von Be- und Entlastungsdauer sowie -intensität ergeben sich unterschiedliche Varianten und Schwerpunkte im Intervalltraining.

Wir unterscheiden:

- Lange Intervalle
- Kurze Intervalle
- wiederholtes Sprinttraining
- Sprint Intervalle
- Spielebasiertes HIIT

Im Ausdauertraining kommen vor allem lange und kurze Intervalle zum Einsatz. Für die Belastungssteuerung, sowohl kurzer als auch langer Intervalle, ist die Leistung / Geschwindigkeit bei maximaler Sauerstoffaufnahme der Referenzwert. Alternativ kann auch die Leistung / Geschwindigkeit an der anaerobe Schwelle, oder der Stundenleistung (FTP) als Bezugsgröße verwendet werden.

Um die Wirkung von Intervallen gezielt zu beeinflussen, können wir Parameter variieren, so dass aerober und anaerober Energiestoffwechsel unterschiedlich stark angesprochen werden. Auch die neuromuskuläre Auslastung verändert sich mit der Ausprägung einzelner Kenngrößen.

Uns geht es ja vorrangig um die Steigerung der VO_{2max}, beziehungsweise dem Entgegenwirken des altersbedingten Verlustes. Eine verbesserte Bewegungsökonomie ist ein angenehmes „Nebenprodukt"!

Intervall	Intensität [%VO$_{2max}$]	Intervalldauer	Intervallpause
Lange Intervalle	95 – 105	> 1 min (meist > 2min)	1 – 3 min passiv 2-4 min aktiv [50-60% VO$_{2max}$]
Kurze Intervalle	105 – 125	< 1 min	0,5 – 1x Länge des Intervalls passiv / aktiv [50-60% VO$_{2max}$]

Tab.:   Intervallparameter

Wie wir gesehen haben, stellt die Belastungsdauer an der VO$_{2max}$ eine Schlüsselkomponente zur Verbesserung der aeroben Ausdauer dar. Durch geschickte Wahl der Parameter können wir diese Zeit optimieren:

➡ Bei kurzen Intervallen wählen wir eine Be-/Entlastungsverhältnis von ≥ 1. Dadurch ist gewährleistet, dass der Sauerstoffbedarf in den Entlastungsphasen nicht zu weit absinkt!

➡ Für eine höhere Sauerstoffausschöpfung gestalten wir die Entlastungsphasen aktiv. Auch dadurch erreichen wir, dass der Sauerstoffbedarf während der Entlastung nicht zu weit absinkt. Bewährt haben sich Intensitäten von etwa 50 – 60 Prozent der maximalen Sauerstoffaufnahme.

Lange Intervalle

Bei langen Intervallen sollte sich der Athlet während der Belastungsphase möglichst lang und nah an seiner maximalen Sauerstoffaufnahme befinden. Daher bewegt sich die Intensität zwischen der anaeroben Schwellen und der Geschwindigkeit, beziehungsweise Leistung, an seiner VO_{2max}.

Die Dauer, bis ein Athlet während eines Intervalls in die Nähe ($\approx$95%) seiner VO_{2max} kommt, hängt von der Belastungsintensität, aber auch von seiner Fitness ab. Laut Laursen (2019) bewegen wir uns in einem Zeitrahmen von 1 Minute 20 Sekunden bis 2 Minuten 20 Sekunden. Er empfiehlt daher Belastungsphasen von 2 bis 5 Minuten. So ist gewährleistet, dass etwa die Hälfte der Belastung im trainingswirksamen Bereich absolviert wird.

Als Gesamtbelastungsdauer an der VO_{2max} empfiehlt Laursen (2019) die 2,5 fache Zeit, die ein Athlet bei maximaler Sauerstoffaufnahme durchhalten kann. Die liegt je nach Fitnessgrad bei etwa 4 bis maximal 8 Minuten, so dass das Gesamtvolumen im Training etwa 10 bis 20 Minuten beträgt. Typische Programme sind 5x3min oder 4x5min Intervalle. Im Hinblick auf die geringere Belastungsverträglichkeit älterer Athleten kann man die Gesamtbelastung durchaus um 30-50 Prozent reduzieren, je nach Alter und Trainingserfahrung des Sportlers. Also das Programm einfach um ein, zwei Intervalle reduzieren. Ein Trainingseffekt ist trotzdem da, die Regeneration nach der Belastung verkürzt sich.

Die Entlastung zwischen den Intervallen kann aktiv oder passiv sein. Die aktive Gestaltung hat den Vorteil, dass wir die VO_{2max} im nächsten Intervall wieder schneller erreichen. Bei passiver Gestaltung werden die anaeroben Energiereserven besser aufgefrischt. Laursen (2019) empfiehlt passive Phasen von 2 Minuten. Sollte eine aktive Entlastung gewählt werden, so wird sie auf 3 bis 4

Minuten ausgedehnt. Die Intensität bewegt sich bei etwa 50-60% der VO_{2max}.

Mit zunehmender Intervalldauer (bei gleichbleibender Intensität) steigt die anaerobe Auslastung. Schließlich bewegen wir uns bei HIIT oberhalb der anaeroben Schwelle, so dass damit auch ein fortwährender Laktataufbau verbunden ist. Genauso verhält es sich mit der Belastungsintensität. Wird sie (bei gleichbleibender Belastungsdauer) höher gewählt, so ist die anaerobe Auslastung größer.

So kann man über die Wahl von Belastungsintensität und -dauer, sowie der Gestaltung (aktiv/passiv) und -länge der Entlastungsphasen, die Anteile an aerober und anaerober Auslastung gut beeinflussen. Das bietet uns die Möglichkeit das Training sehr differenziert zu steuern.

Kurze Intervalle

Kurze Intervalle stellen das wohl vielseitigste und flexibelste HIIT-Format dar. Durch geschickte Wahl der Parameter lassen sich unterschiedliche Trainingsziele sehr gezielt ansprechen.

Kurze Intervalle werden im Vergleich zu langen meist mit einer höheren Intensität absolviert, in der Regel zwischen 100 und 120 Prozent der Leistung/Geschwindigkeit an der VO_{2max}.

Geht es um ein Training der aeroben Energiebereitstellung, so muss die Zeit an der maximalen Sauerstoffaufnahme möglichst lang ausfallen. Es hilft, wenn wir uns der VO_{2max} im Intervall schnell annähern. Das erreichen wir dadurch, dass wir den Intensitätsunterschied der Be- und Entlastungsphasen relativ klein halten, so dass die Sauerstoffaufnahme in der Entlastung nicht so weit absinkt. Auch eine Veränderung des Be-/Entlastungsverhältnis zugunsten der Belastung kann unterstützen. Werden die ersten zwei, drei Intervalle in höherer Intensität absolviert, erreichen wir einen ähnlichen Effekt.

Wir können die aerobe Auslastung durch ein lange Belastungsdauer an der VO_{2max} durch folgende Maßnahmen erhöhen:

➡ Verlängerung der Serie

➡ Vergrößerung des Be-/Entlastungsverhältnisses 1:1 $\Rightarrow$ 2:1

➡ Erhöhung der Intensität in der Entlastungsphase

Allgemein kann man festhalten, dass die Belastung durch die Gestaltung der Entlastungsphase an die Trainingsintention angepasst werden kann: Geht es primär um das Training der maximalen Sauerstoffaufnahme, kombiniert man eine (relativ) niedrigere Intervallintensität mit einer kürzeren und intensiveren Entlastungsphase. Geht es um eine hohe anaerobe Auslastung, kombiniert man eine höhere Belastungsintensität mit

längeren und passiven Entlastungsphasen.

Wir können also auch den anaeroben Stoffwechsel mit kurzen Intervallen sehr effektiv trainieren. Hohe Belastungsintensitäten sind mit einem großen Anteil an anaerobem Stoffwechsel und einer verstärkten Laktatakkumulation verbunden. Je länger Intervall Seriendauer, desto mehr Laktat wird gebildet.

Gegenüber langen Intervallen sind die neuromuskuläre Auslastung, sowie die Belastung für die Muskulatur erhöht. Das resultiert allein schon aus der höheren Intensität und den damit verbundenen höheren Geschwindigkeiten und Krafteinwirkungen.

Anzahl / Länge / Pause

Eine einzelne Serie sollte mindestens drei bis vier Minuten andauern. Nur so können wir eine ausreichende metabolische Auslastung gewährleisten. Bei einem Trainingsschwerpunkt, der vor allem auf eine Entwicklung der maximalen Sauerstoffaufnahme abzielt, kann die Serienlängen durchaus auch 10 - 15 Minuten betragen. Bei kurzen Intervallen mit einem Belastungsschema von 30s/30s sind das dann bis zu 15 Intervalle.

Die Pause zwischen den Serien dient der Auffrischung der anaeroben Energiereserven. Ist das Trainingsziel eine *„maximale Arbeitsleistung"* so sollte die Serienpause lang und passiv sein. Ist das Ziel eine *„maximale metabolisch Auslastung"* so kann die Serienpause entsprechend kürzer und / oder aktiv ausfallen.

Gesamtvolumen

Das Gesamtvolumen der Trainingseinheit richtet sich natürlich einerseits nach dem Trainingszustand des Athleten, andererseits ist es auch vom Trainingsschwerpunkt abhängig. Gängig, und als Richtwert gut geeignet, ist ein Zeitrahmen von 10 bis 20 Minuten, der entsprechend der individuellen Anforderungen auch angepasst und variiert werden kann. Gerade ältere Athleten, und solche mit geringerer Erfahrung mit intensivem Training, sollten dies berücksichtigen und aufgrund ihrer geringeren Belastungsverträglichkeit die Gesamtbelastung eventuell um 30-50 Prozent reduzieren. Ein Trainingseffekt ist trotzdem da, die Regeneration nach der Belastung verkürzt sich, so dass das nächste Training frischer angegangen wird.

Man sollte immer bedenken, dass es sich bei HIIT um eine sehr anstrengende und fordernde Trainingsform handelt, die Gefahr von Übertraining ist immer latent vorhanden!

Kraftverlust minimieren

Um den altersbedingten Kraftverlust möglichst gering zu halten, sind Kraft- und Athletiktraining die geeigneten Maßnahmen.

Zahlreiche Studien zeigen, dass Krafttraining auch im höheren Alter noch ein wirkungsvolles Mittel zum Leistungserhalt darstellt. Gerade bei Athleten, die bisher kein Kraft- oder Athletiktraining durchgeführt hatten, sind sogar noch deutliche Steigerungen im Kraftniveau möglich. Athletiktraining unterstützt das allgemeine Krafttraining und beugt Verletzungen vor, sichert die allgemeine Belastungsverträglichkeit und sorgt damit auch für eine Leistungssteigerung in der Spezialsportart. Gerade das Thema Verletzungsprophylaxe ist für ältere Athleten enorm wichtig! Verschleiß und reduzierte Belastungsverträglichkeit müssen auch bei der Trainingsplanung mit berücksichtigt werden. Im Kapitel „Verletzungsprophylaxe und Regeneration" werden wir die Problematik noch mal angehen und Tipps für das Training geben.

Athletiktraining

Athletiktraining stützt sich im Wesentlichen auf vier Säulen, dem Faszientraining, dem Training der Sensomotorik, der funktionellen Kräftigung, sowie dem Training der Koordination. Man kann sich das Ganze ganz gut als das Fundament eines Hauses vorstellen, auf dessen Grundlage dann die spezifischen Trainingsinhalte in der Spezialsportart aufgebaut werden können.

Athletiktraining kann und sollte ganzjährig betrieben werden.

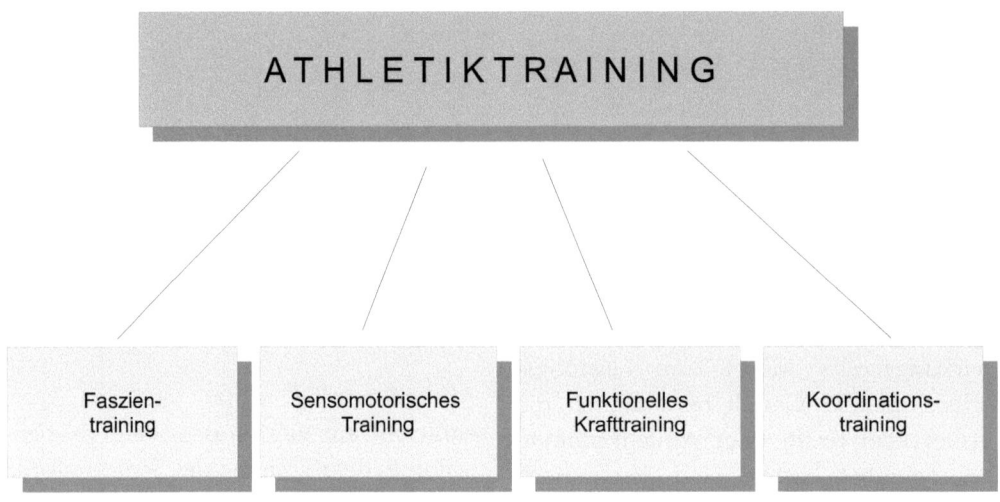

Abb.:   *Säulen des Athletiktraining*

Uns geht es in diesem Kapitel zunächst ein mal um den Aspekt des *funktionellen Krafttrainings*, sowie des *sensomotorischen Trainings*, das einen weiteren Teilaspekt darstellt.

Das *Faszientraining* schauen wir uns dann im nächsten Kapitel genauer an. Es liefert einen entscheidenden Beitrag, wenn es darum geht, die Elastizität und Beweglichkeit aufrecht zu halten.

Das *Koordinationstraining* wird sportartspezifisch durchgeführt. Es wirkt sich positiv auf die Bewegungsökonomie aus. Läufer führen zum Beispiel Übungen des sogenannten Lauf-ABC aus.

Funktionelles Krafttraining

Im konventionellen Krafttraining an Maschinen, wie wir es zum Beispiel in Fitnessstudios vorfinden, sind die meisten Bewegungsabläufe durch ein isoliertes Muskeltraining gekennzeichnet: Einzelne Muskeln und begrenzte -partien werden gezielt und isoliert angesprochen und gestählt. Schauen wir uns allerdings Bewegungen des Alltags, oder im Sport, genauer an, so stellen wir fest: Sowohl im Sport, als auch im Alltag, sind Bewegungen nicht auf einzelne Muskelgruppen oder Gelenke beschränkt. Es ist immer ein Verbund aus mehreren Komponenten. Erst das fein koordinierte Zusammenspiel mehrerer Muskeln über eine Vielzahl an Gelenken ermöglicht komplexe Bewegungen.

Vern Gambetta und Gary Gray, zwei anerkannte Experten auf dem Gebiet des funktionellen Trainings, beziehen zu diesem Themenkomplex eindeutig Stellung: „Bewegungen, die nur einen einzigen Muskel isoliert beanspruchen, sind als unfunktionell zu bezeichnen. Funktionelle Bewegungsformen integrieren immer mehrere Muskeln und Muskelgruppen gleichzeitig" (Gambetta und Gray 2002).

Wir arbeiten immer in sogenannten kinematischen Muskelketten. Darunter versteht man das Zusammenspiel mehrerer Muskeln für eine optimal zeitlich koordinierte und flüssige Kraftübertragung von einer Ausgangs- zu einer Endbewegung. Im Idealfall addieren sich dabei alle Kraft- und Schwungimpulse miteinander. Das Beispiel eines Tennisaufschlages soll dies verdeutlichen:

- die Aufschlagbewegung wird durch eine Vorwärtsverlagerung des Körpergewichtes eingeleitet

- der Ball wird mit einer Körperaufrichtung und Gewichtsverlagerung nach hinten hochgeworfen, der Schläger gleichzeitig über den Kopf nach oben gebracht

→ durch die Körperspannung wird diese Kraft weitergeleitet und verstärkt

→ eine Rotation des Oberkörpers um die Längsachse unterstützt und verstärkt den Kraftimpuls weiter, womit auch die Schlagschulter von hinten nach vorne gebracht wird

→ durch die Schlagbewegung des Armes aus der Schulter wird der Impuls auf den Unterarm übertragen und durch die Streckung des ganzen Armes weiter verstärkt

→ der letzte Kraftimpuls kommt dann abschließend aus dem Handgelenk, das zum Zeitpunkt des Treffpunktes gleichzeitig nach vorne/unten klappt.

Richtig koordiniert und im Bewegungsablauf optimiert, ergibt die Summe all dieser Kraftimpulse einen möglichst harten und effektiven Aufschlag. Die Ursache des Ganzen ergibt sich aus der kinematischen Muskelkette.

Isoliertes Krafttraining eignet sich sehr gut, um die Kraft einzelner Muskeln oder ausgewählter Muskelpartien zu steigen. Ein klassisches Feld der Rehabilitation: Nach Verletzungen werden einzelne Muskeln isoliert trainiert, um sie wieder auf ihr „altes" Niveau zu bringen oder bestehende Dysbalancen zu beseitigen. Muskuläre Dysbalancen stellen ein Ungleichgewicht von Beuge- und Streckmuskulatur dar: Durch einseitige Belastungen, oder als Folge einer Verletzung, schwächt sich eine Muskelgruppe im Verhältnis zu ihrem Gegenspieler ab. Das führt dann zu ungünstigen Belastungsverteilungen auf Gelenke und als weitere Folge zu Abnutzungserscheinungen und Verletzungen durch Über- oder Fehlbelastung von Gelenken, Muskeln und Sehnen. Hier kann das isolierte Krafttraining helfen, um wieder ins Gleichgewicht zu kommen.

Aber genau da liegt auch eine Gefahr des isolierten Trainings: Bei einseitiger Ausrichtung kann es zu diesen Muskelfehlsteuerungen führen, dem Ungleichgewicht in der muskulären Entwicklung. Es wirkt sich dann letztendlich auch negativ auf Koordination, Bewegungspräzision, sowie Ökonomie bei sportartspezifischen Abläufen aus.

Funktionelles Krafttraining bindet mehrere Muskelgruppen und Gelenke in die Bewegung ein und ist ein wirkungsvoller Ansatz, der mit vergleichsweise geringem Aufwand optimale Reize setzt und den Sportler verletzungsfrei und leistungsfähig hält!

Eine Ergänzung des isolierten Krafttrainings durch funktionelles Training wirkt also dem beschriebenen Dilemma entgegen. Es steigert die Kraft, verbessert die Haltung und führt damit auch zu

größerer Beweglichkeit und präziserer Koordination.

Die Frage ist nicht: Isoliertes oder funktionelles Krafttraining!

Es gilt beide Komponenten sinnvoll in das Training zu integrieren. Wobei je nach Leistungsvermögen des Athleten, Sportart und Trainingsphase der Schwerpunkt mehr auf der einen oder anderen Seite liegen kann.

Sensomotorisches Training

Das sensomotorische Training ist ein Teilaspekt des funktionellen Krafttrainings, das speziell die so genannte *„Tiefensibilität"* und reflektorische Muskelaktivität des Körpers schult. Körperwahrnehmung, Bewegungsökonomie und Gelenkstabilität verbessern sich.

Vor allem der letzte Punkt ist für eine wirkungsvolle Verletzungsprophylaxe ganz entscheidend. Lokale Stabilisatoren sind kleine Muskeln, die am Gelenk ansetzen und für dessen Stabilität und einwandfreie Funktion sorgen. Sie können auf herkömmliche Art und Weise nicht trainiert werden. Ihre Aufgabe besteht ja gerade darin, dass Bewegungen unterbunden werden und damit das Gelenk stabilisiert wird. An dieser Stelle greift das sensomotorische Training: Durch instabile Übungsbedingungen und die gleichzeitige Verarbeitung zusätzlicher äußerer Reize, werden neue Bewegungs- oder Stabilisierungsanforderungen gestellt. Damit verändern sich Spannungs- und Bewegungsmuster der Muskulatur. Der Athlet muss sich entsprechend darauf einstellen, sein Bewegungsreportoire erweitert sich.

Für den Sportler bedeutet das, dass sich die Bewegungssicherheit und -variabilität durch Übungen unter instabilen Bedingungen verbessert. Der Athlet kann sich schneller und effektiver auf veränderte Bedingungen einstellen. Das bedeutet auch einen positiven Einfluss auf die Bewegungsökonomie.

Trainingsmöglichkeiten, die das funktionelle Krafttraining um sensomotorische Wirkungen ergänzen, sind zum Beispiel:

- Labile Unterlagen bei Kniebeugen und Ausfallschritten

- Übungsformen mit dem Pezziball

- Übungen mit dem Schlingentrainer

Abb.:   Sensomotorisches Training mit dem Pezziball

Abb: Sensomotorisches Training mit dem Schlingentrainer

Methodik des Krafttraining

Wir arbeiten im Krafttraining mit unterschiedlichen Belastungsparameter. Das gewählte Gewicht und die damit verbundenen Wiederholungszahlen bestimmen die im Körper verursachten Reize. Für Ausdauersportler sind dabei vor allem drei Gesichtspunkte im Verlauf des Trainingsjahres wichtig:

➤ *Gewöhnung ans Krafttraining:*
Zu Beginn des Trainingsjahres müssen wir zunächst ein mal die Voraussetzungen für ein regelmäßiges Krafttraining schaffen. Wir verwenden vergleichsweise geringere Gewichte, um den Körper nicht zu überlasten und ihn an höhere Intensitäten zu „gewöhnen".

Durch die relativ hohen Wiederholungszahlen werden die Stoffwechselvorgänge in der Muskulatur optimiert und damit die Ermüdungswiderstandsfähigkeit verbessert.

➤ *Aufbau von Muskulatur und Kraft:*
Das ist die Phase des intensivsten Trainings. Das Ziel lautet nun, dass das Kraftniveau angehoben wird. Die Gewichte werden erhöht, die Wiederholungszahlen pro Serie sinken.

In dieser Trainingsphase wird das Muskelwachstum stimuliert. Aber auch auf neuronaler Ebene finden wesentliche Anpassungsprozesse statt, so dass sich das Zusammenspiel von Nervensystem und Muskulatur verbessert. Wir schaffen die Voraussetzungen für höhere Kraftleistungen in der Spezialdisziplin.

➤ *Krafterhalt:* Während der Wettkampfsaison geht es vor allem darum, dass das erarbeitete Kraftniveau (weitestgehend) erhalten wird.

Die Anzahl der Einheiten geht deutlich zurück, es werden weniger Sätze absolviert.

Gewöhnung

Erhöhte Widerstandsfähigkeit der Muskulatur
Verbesserte Kapillarisierung und Nähstoffversorgung
Anpassung von Sehnen und Bändern

Kraftaufbau

Dickenwachstum der Muskulatur
Verbessertes Zusammenspiel Nervensystem/Muskel
Erhöhung des Kraftniveaus

Krafterhalt

Erhalt des Kraftniveaus

Abb.: Periodisierungsschema für das Krafttraining

In den folgenden Tabellen gibt es zum einen einen Überblick über die Belastungsparameter des allgemeinen Krafttrainings. Zum anderen sind allgemeine Übungen aufgeführt, die das Grundgerüst des Trainings bilden. Grundübungen, die mehrere Muskelgruppen in die Bewegung einbeziehen, sind Isolationsübungen auf jeden Fall vorzuziehen. Sie trainieren auch das Zusammenspiel der Muskeln über das Gelenk.

	Gewöhnung	Kraftaufbau	Krafterhalt
Intensität	40 – 60 %	70 – 90 %	70 – 80 %
Wiederholungen	20 – 25	5 – 12	8 - 12
Sätze	2 – 4	3 – 4	2 - 3
Satzpause	60 – 90 s	90 – 120 s	90 – 120 s
Einheiten / Woche	2	2	1
Trainingsphase	Allgemeine Vorbereitung	Allgemeine/spezielle Vorbereitung	Spezielle Vorbereitung / Wettkampf

Abb.: Belastungskomponenten im Krafttraining

Natürlich passt sich nicht nur die Muskulatur an regelmäßiges Krafttraining an. Auch Knorpelgewebe, Kapsel-Band-Apparat, Sehnen und das Nervensystem verändern sich und tolerieren mit der Zeit höhere Belastungen. Diese Veränderungen verlaufen allerdings meist langsamer und hinken dem verbesserten Kraftniveau hinterher. Das ist vor allem bei Athleten relevant, die bisher noch keine bis wenig Erfahrung mit Krafttraining haben. Um Überlastungen und Verletzungen zu vermeiden, sollte das bei der Belastungssteigerung unbedingt berücksichtigt werden: Daher bei Schmerzen und Beschwerden lieber mal etwas kürzer treten und die Belastung wieder zurücknehmen, als eine Verletzung zu „verschleppen" und mit längerfristigen Problemen zu kämpfen! Gerade bei älteren Athleten dauert es mitunter auch mal länger bis man Beschwerden wieder los wird!

Nachfolgend noch eine Liste mit geeigneten Übungen für Ausdauersportler aus den unterschiedlichsten Sportarten, so dass sich jeder sein individuelles Programm zusammenstellen kann.

Muskelgruppe	Geeignete Übungen
Beine-/Hüft-/Gesäßmuskulatur	Kniebeugen, Beinpresse, Beincurl, Ausfallschritte
Brustmuskulatur	Bankdrücken, Liegestütz
Nacken-/ Rückenmuskulatur	Latzug, Klimmzüge, Rudern, Rudern reverse
Schultermuskulatur	Nackendrücken, Seitheben
Armmuskulatur	Trizepsdrücken am Kabelzug, Bizepscurl
Rumpfmuskulatur	Funktionelles Krafttraining sensomotorisches Training

Tab.:   Trainingsübungen für Ausdauersportler

Spezifisches Krafttraining

Im allgemeinen Krafttraining geht es vor allem um den Kraftaufbau einzelner Muskeln, beziehungsweise Muskelgruppen. Die verbesserten Kraftfähigkeiten müssen aber auch bei der spezifischen Bewegung der Sportart verfügbar sein. Der Transfer findet über ein spezifische Krafttraining statt: Es geht um die Verbesserung des Zusammenspiels einzelner Muskeln und deren nervale Ansteuerung innerhalb einer komplexen Bewegung. Ganz ähnlich wie beim funktionellen Krafttraining. Im spezifischen Krafttraining nutzt man dann allerdings die Bewegungsabläufe der Spezialsportart. Für die optimale Transferwirkung muss eine sehr enge Verwandtschaft, beziehungsweise Identität, mit der Zielbewegung vorhanden sein. Ein einfaches und wirkungsvolles Trainingsmittel stellt das Durchführen der Wettkampfbewegung mit Zusatzlasten, oder unter erschwerten Bedingungen, dar. Strenggenommen handelt es sich zwar nicht um Krafttraining im eigentlichen Sinne, da dafür der Kraftreiz doch zu gering ausfällt. Trotzdem ist die Transferwirkung auf die Zielbewegung da und verbessert die Leistungsfähigkeit im Wettkampf teilweise enorm.

Allerdings sollte man beachten, dass durch die erhöhten Widerstände oft auch eine Abnahme der Bewegungsgeschwindigkeit verbunden ist. Dass diese langsamere Ausführung nicht verfestigt wird, sollte das spezifische Krafttraining nicht zu oft durchgeführt werden. Um dem Problem entgegen zu wirken kann mitunter auch unter erleichterten Bedingungen trainiert werden. Auch innerhalb einer Trainingseinheit, im Wechsel von erschwerten, erleichterten und/oder normalen Bedingungen. Dies schult die nervale Ansteuerung der Muskulatur, erweitert das Bewegungreportoire und kommt auch der Bewegungsökonomie zugute!

Methodisch wird das spezifische Krafttraining meist innerhalb einer Ausdauereinheit absolviert. Beispiele für Triathleten sind in der unteren Tabelle aufgeführt, für andere Sportarten können entsprechende Varianten zum Einsatz kommen.

Widerstandserhöhung im Triathlontraining			
Schwimmen		Radfahren	Laufen
Land	Wasser		
Biokinetikbank Zugseiltraining	Zugwiderstand T-Shirt Paddels Flossen	Ergometer große Übersetzung Bergauffahren	Berganlaufen Zugwiderstandsläufe Sprungserien Crossläufe

Abb.:   Widerstandserhöhung im Ausdauertraining (Bsp.: Triathlon)

Krafttraining im Trainingsverlauf

Wie können wir das Krafttraining im Verlauf einer Saison sinnvoll in das Ausdauertraining integrieren?

Wann setzen wir die Schwerpunkte der einzelnen Methoden?

Das ist natürlich von den individuellen Voraussetzung des Athleten abhängig. Sicherlich spielen Alter, Trainingserfahrung, Zeitbudget, sowie individuelle Stärken und Schwächen in die Überlegung mit ein!

Verletzungen während des Trainingsjahres können individuelle Schwerpunkte in die eine oder andere Richtung verschieben.

Wichtig ist auf jeden Fall, dass man mit fortschreitendem Alter etwas gegen den Kraftverlust unternimmt! Gerade das Athletiktraining kann einen entscheidenden Beitrag zur generellen Belastungsverträglichkeit und Verletzungsprophylaxe leisten. Wichtige Gesichtspunkte, vor allem für ältere Athleten!

Ob man zusätzliches Krafttraining in sein Training integriert, hängt auch von persönlichen Stärken, Zeitbudget und Zielsetzung ab.

Als Orientierung und „grobes" Schema für die Gestaltung des Krafttraining im Trainingsjahr des Ausdauerathleten dient folgende Abbildung.

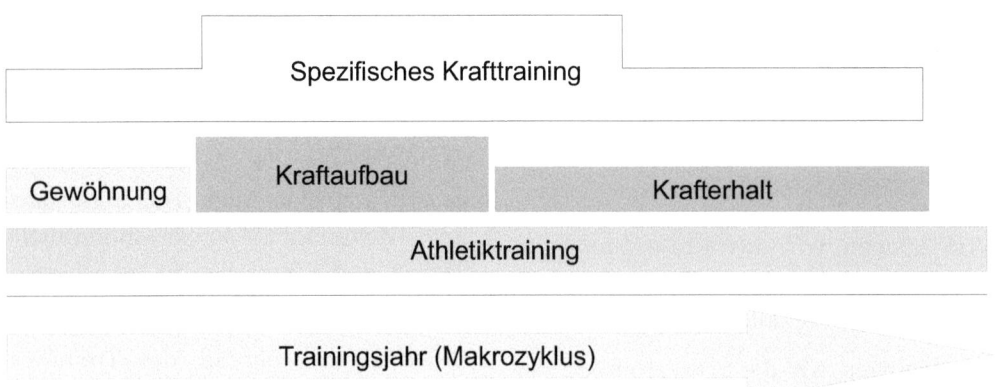

Abb.:   *Krafttraining im Makrozyklus*

Elastizität und Beweglichkeit aufrecht erhalten

Dass Elastizität und Beweglichkeit mit zunehmendem Alter abnehmen, haben wir bereits angesprochen. Dafür gibt es mehrere Gründe. Die Frage ist nun: Wie können wir dem am besten entgegenwirken?

Wir wollen vor allem zwei wesentliche Gesichtspunkte herausstellen. Zunächst geht es darum, dass wir mit entsprechendem Training unsere Mobilität sowie Beweglichkeit aufrecht halten!

Zum anderen können wir unsere Faszien durch Massage mit der Hartschaumrolle elastisch halten. Eine einfache Methode, die auch nur mit einem geringen Zeitaufwand verbunden ist. Auch im Rahmen der Regenerationsunterstützung ist diese Form der Behandlung ein äußerst effektives Mittel!

Dehnen

Um die Effektivität und den sinnvollen Einsatz von Dehnübungen hat sich im Laufe der letzten Jahre eine recht kontroverse Diskussion entfacht. Neben seiner Bedeutung für die Verbesserung und Erhaltung von Mobilität und Beweglichkeit, ist auch die Frage nach einer möglichen Unterstützung der Regeneration ein weiterer Gesichtspunkt dieser Debatte.

Wir können Dehnmethoden in zwei unterschiedliche Kategorien einteilen: Das dynamische und das statische Dehnen.

Eine weitere Klassifizierung erfolgt dann nach der Art der Durchführung, so dass sich letztendlich eine größere Anzahl an Methoden ergibt.

Was verbirgt sich hinter den unterschiedlichen Methoden?

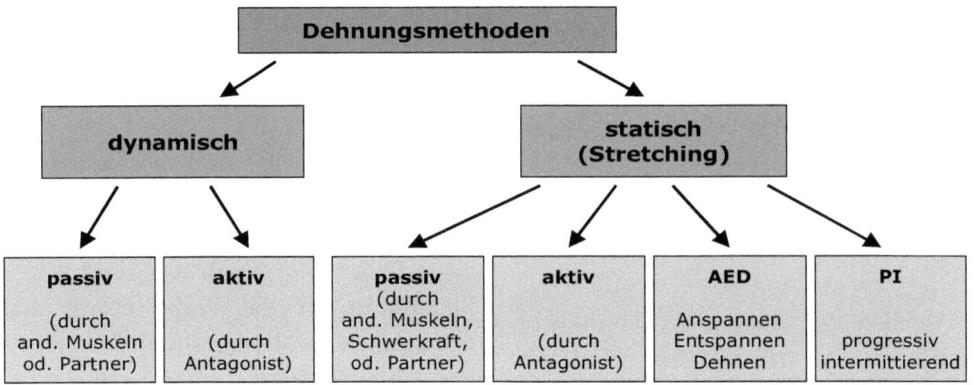

Abb.: Dehnmethoden

Dynamisches Dehnen

Dynamisches Dehnen erfolgt durch ein mehrmaliges, wippendes „hineindehnen" in einen Muskel. Das kann durch den Gegenspieler (Antagonisten) geschehen, aber ebenso auch durch Unterstützung eines Trainingspartners oder sonstiger Hilfsmittel. Der Athlet gelangt durch eine leicht federnde oder wippende Bewegung allmählich in die endgültige Dehnposition.

Der Sportler führt die Bewegung sehr kontrolliert aus. Es soll mit einem Gefühl verbunden sein, sich quasi langsam in den Muskel hineinzutasten und somit den Dehnwiderstand immer weiter zu verschieben. Ruckartige und zerrende Bewegungen sollte er auf jeden Fall vermeiden. Sie lösen einen Muskeldehnreflex aus und bergen Verletzungsgefahr in sich!

Statisches Dehnen

Statisches Dehnen ist auch unter der Bezeichnung *Stretching* bestens bekannt. Beim Stretching wird der Muskel langsam und kontrolliert in die Dehnposition gebracht und dort gehalten.

Der Athlet kann die Bewegung durch die langsame Übungsausführung sehr gut kontrollieren und damit auch sehr präzise ausführen. Das erleichtert das Erlernen neuer Bewegungen.

Über die optimale Dehndauer und Anzahl der Wiederholungen gibt es unterschiedliche Meinungen. Ein Zeitrahmen von 20 bis 40 Sekunden hat sich als praktikabel und effektiv gezeigt. Das Ganze bei zwei bis drei Übungswiederholungen.

Die Durchführung des Stretching erfolgt nach folgendem Muster:

➡ den zu dehnenden Muskel langsam und kontrolliert in die Dehnstellung bringen

➡ bei leichtem Spannungsgefühl die Dehnposition halten

➡ die Position kontrolliert verstärken, ohne dabei die Spannung aufzulösen

➡ die neue Endstellung bis zum Nachlassen der Dehnspannung innehalten

Anspannungs – Entspannungs – Dehnen (AED)

Anspannungs-Entspannungs-Dehnen ist auch als postisometrisches Dehnen, oder Contract-Hold-Relax-Stretching (CHRS), bekannt.

Beim AED spannt der Sportler den Muskel vor der eigentlichen intensiven Dehnung zunächst kräftig an. Wird die Spannung wieder gelöst, so kommt es anschließend zu einer reflektorischen Entspannung. Diese Entlastung kann man dann für eine Intensivierung der Dehnung nutzen.

Eine maximale Kontraktionen zu Beginn der Übung verspricht den größten Erfolg: Die Muskelentspannung ist deutlich stärker ausgeprägt als nach einer submaximalen.

Der Ablauf des AED gestaltet sich nach folgendem Muster:

- den zu dehnenden Muskel langsam und kontrolliert in die Dehnstellung bringen
- bei leichtem Spannungsgefühl die Position halten (10-20s)
- den zu dehnenden Muskel möglichst maximal anspannen (6-10s)
- den Muskel entspannen (2-3s)
- den entspannten Muskel nach der statischen Dehnmethode (Stretching) nachdehnen (20-30s)

Progressiv intermittierendes Dehnen

Beim progressiv intermittierenden Dehnen wird die Dehnung in ihrem Verlauf fortschreitend (progressiv) gesteigert. In der Durchführung ähnelt es dem AED und nutzt ebenfalls den reflektorischen Entspannungsreflex.

Die Vorgehensweise ist folgende: Während der Übungsausführung stoppt der Athlet die Bewegung bei einem deutlichen Dehnreiz und spannt die Muskulatur kurz (4-6s) an. Anschließend wird die Dehnung wieder fortgesetzt. Das Ganze lässt sich mehrmals wiederholen, bis man endgültig in der finalen Dehnposition angelangt ist

Die abschließende Frage ist jetzt natürlich: Welche Dehnmethode ist jetzt die Beste?

Kommt drauf an.

Generell gibt es nicht DIE beste Methode. Es ist immer von der Situation und der beabsichtigten Wirkung abhängig! Aus zahlreichen Vergleichsstudien können folgende Erkenntnisse und Empfehlungen festgehalten werden:

➡ In der kurzfristigen Verbesserung der Beweglichkeit schneiden das Anspannungs-Entspannungs-Dehnen, sowie das Progressiv Intermittierende Dehnen am Besten ab.

➡ In der mittel- bis langfristigen Verbesserung der Beweglichkeit ist das dynamische Dehnen dem statischen überlegen.

➡ Bei kurzfristigen, singulären Muskeldehnungen führt das dynamische Dehnen zu einer größeren Reduktion der Dehnspannung. Das weist auf eine verbesserte Entspannungsfähigkeit der Muskulatur hin.

Faszientraining

Faszien sind die Weichteil-Komponenten des Bindegewebes. Sie durchdringen als umhüllendes und verbindendes Spannungsnetzwerk den gesamten Körper mit seinem Bewegungsapparat und allen Organen. Jeder Muskel, jedes Muskelfaserbündel und jede Muskelzelle ist von Bindegewebe umhüllt. Bindegewebe hat im Körper weder Anfang noch Ende und ist als ein Geflecht von sich überlagernden, nahtlos ineinander übergehenden, derben Häuten zu verstehen. Auch Sehnen und Bänder bestehen aus Bindegewebe.

Ähnlich der Muskulatur, lässt sich auch Fasziengewebe sehr gut trainieren. Es reagiert auf Belastungen und passt sich entsprechend an. Regelmäßiges Training macht Faszien sowohl stärker und belastbarer, als auch elastischer. Dadurch erhöht sich die generelle Leistungsfähigkeit. Außerdem lässt die Anfälligkeit für Verletzungen deutlich nach.

Dadurch, dass Faszien den gesamten Körper mit seinem Bewegungsapparat umhüllen, haben sie entscheidenden Einfluss auf die Beweglichkeit.

Faszien sind um die Muskulatur unterschiedlich strukturiert und verlaufen sowohl längs als auch quer und seriell zur Muskelrichtung.

Klassische Dehnübungen werden meist isoliert für einzelne Muskeln und lediglich in eine bestimmte Richtung durchgeführt. So erfassen sie auch nur einen kleinen Teil der Faszien. Will man einen möglichst großen Anteil der Strukturen erreichen, so sollte man möglichst lange fasziale Ketten in die Übung mit einbeziehen und diese in unterschiedliche Richtungen dehnen. Bei den Dehnmethoden kann man sowohl auf das Stretching als auch das dynamische Dehnen zurückgreifen.

In der Praxis sieht das Fasziendehnen dann so aus, dass die Übung aus der Ausgangsposition in die jeweilige Dehnstellung geführt wird. Nach kurzem Verharren in der Endposition, das je nach Zielstellung statisch oder auch leicht dynamisch wippend ausfallen kann, geht man in die Ausgangsposition zurück. Der Sportler wiederholt die Dehnstellung in leicht verändertem Bewegungswinkel. Durch mehrmalige, leichte Variation der Bewegungsrichtung kann er einen großen Teil der myofaszialen Strukturen ansprechen und trainieren.

Abb.: Dehnung in unterschiedlichen Bewegungswinkeln

Verletzungsprophylaxe/Regeneration

Abschließend wollen wir uns in diesem Kapitel noch der optimalen Regeneration widmen, sowie einige Hinweise zur Verletzungsprophylaxe geben. Gerade für ältere Athleten zentrale Themen.

Wir haben es bereits mehrfach angesprochen:

Die *Verletzungsanfälligkeit* steigt mit zunehmendem Alter. Ältere Athleten brauchen länger um Ihre Wehwechen auszukurieren!

Die *Regenerationsfähigkeit* verschlechtert sich mit zunehmendem Alter!

Um erst gar nicht in den Teufelskreis von Überlastungen, verschleppten Verletzungen oder in ein Übertraining hineinzuschlittern haben wir unterschiedliche Ansätze und Möglichkeiten zur Verfügung!

Verletzungsprophylaxe

Verschleiß und schlechtere Regeneration setzen älteren Athleten zu. Für viele besteht ein wesentliches Ziel darin, „gesund und schmerzfrei" an der Startlinie des Wettkampfes zu stehen! Vor allem bei „High Impact" Sportarten, wie zum Beispiel dem Laufen muss man mit den körpereigenen Ressourcen vorsichtig haushalten. Überlastungen stellen sich schneller ein als einem lieb ist, die Erholungszeiten, bis Verletzungen überwunden sind, fallen länger aus als bei jungen Athleten.

Was können wir tun, dass es möglichst zu keinen Überlastungen oder Verletzungen kommt?

Einen ganz wesentlichen Gesichtspunkt haben wir bereits angesprochen: Das *Athletiktraining*. Regelmäßig absolviert, leistet es einen entscheidenden Beitrag um gesund und leistungsfähig zu bleiben. Es sollte möglichst ganzjährig im Training berücksichtigt werden.

Auch der nächste Tipp schließt nahtlos daran an: *vermeide eine lange Saisonpause*. Langes „Detraining" steigert die Verletzungsanfälligkeit beim Wiedereinstieg ins strukturierte, umfangreichere Training. Sollte die Saisonpause doch mal länger ausfallen, ob gewollt oder ungewollt (Verletzungen, Erkrankungen), dann sollte der Einstieg sehr behutsam erfolgen. Gerade bei Sportarten, die anfälliger für Überlastungen sind, wie zum Beispiel dem Laufen:

- Das Problem sind nicht die wöchentlichen (Lauf-)kilometer an sich, das Problem ist deren (zu schnelle) Umfangsteigerung!

- Das Problem sind nicht die wöchentlichen Tempoeinheiten an sich, das Problem ist deren (zu schnelle) Umfangsteigerung!

Ein genereller Ratschlag lautet daher:

Steigere die Trainingsbelastung erst dann, wenn Du drei bis sechs Wochen (je nach Sportart und Trainingserfahrung) beschwerdefrei bist!

Und zu guter Letzt, und als nahtloser Übergang zum nächsten Kapitel:

Optimiere Deine *Regeneration* und achte vor allem auf die Ernährung und ausreichenden Schlaf!

Regeneration

Es gibt viele Möglichkeiten um die Regeneration zu optimieren. Gerade ältere Sportler sollten sich mit diesem Thema eingehend befassen. Anpassungsprozesse im Körper laufen langsamer ab als in jüngeren Jahren. Die Trainingsdichte an intensiven Einheiten kann nicht mehr so hoch ausfallen. Während man mit dreißig noch ohne weiteres drei, vier intensive Trainingseinheiten in der Woche tolerieren konnte, dauert es im höheren Alter doch ein paar Tage länger, um vor allem sehr intensive Trainingsbelastungen zu verarbeiten.

Neben einer durchdachten und gut strukturierten Trainingsplanung, die auch Rgenerationstage und -wochen mit berücksichtigt, spielen vor allem zwei Maßnahmen eine herausragende Rolle. Sie sollen daher auch den Schwerpunkt unserer Betrachtung zum Thema Regeneration bilden:

➡ Ernährung (nach der Belastung)
➡ Schlaf

Alle weitere Maßnahmen wirken unterstützend. Wir schauen uns dann vor allem noch die Möglichkeiten der Selbstmassage mit der Hartschaumrolle an. Sie sind in den letzten Jahren groß „in

Mode" gekommen und versprechen mit relativ geringem (Zeit-)Aufwand gute Resultate!

Ernährung

Die Ernährung spielt für die Regeneration eine ganz zentrale Rolle! Vor allem die Nahrungs- und Flüssigkeitszufuhr unmittelbar nach der Belastung.

Direkt nach der Belastung haben wir ein Zeitfenster von etwa 30 bis 60 Minuten, in dem die Resorption der Nahrung besonders schnell und effektiv erfolgt!

Die schnelle Flüssigkeitszufuhr hat absolute Priorität. Außerdem ist dies der Zeitraum, in dem der Körper Kohlenhydrate besser und schneller aufnehmen und speichern kann, als zu jedem anderen Zeitpunkt. Es geschieht zwei bis drei Mal so schnell als normal. Ähnlich verhält es sich mit der Reparatur geschädigter Muskelzellen durch eine ausreichende Zufuhr von Eiweiß.

Unmittelbar nach der Belastung geht es vor allem um folgende Punkte:

- ➡ Flüssigkeitsdefizit ausgleichen
- ➡ Glykogenspeicher auffüllen
- ➡ Muskelstrukturen reparieren
- ➡ Säure-Basen Haushalt ausgleichen

Flüssigkeitsdefizit ausgleichen:

Das allerwichtigste nach der Belastung ist der Ausgleich des Flüssigkeitsdefizit!

Ein ausgeglichener Wasserhaushalt ist generell von großer Bedeutung. Über den Schweiß unterstützt er den Körper in seiner Thermoregulation. Außerdem sorgt er im wahrsten Sinne des Wortes für eine flüssige Nährstoffversorgung von Muskulatur und Organen. Sowohl während als auch nach dem Sport.

Je schneller das Flüssigkeitsdefizit ausgeglichen wird, desto schneller erholt sich der Athlet!

Die generelle tägliche Trinkempfehlung geht dahin, dass pro Kilogramm Körpergewicht mindestens 30 bis 35 Milliliter getrunken werden, an heißen Tagen mit hohen Schweißverlusten deutlich mehr!

Nach dem Sport sollte man mehr als nur das ausgeschwitzte Wasser kompensieren, da die verlorene Menge durch nachschwitzen und über den Urin deutlich größer ausfallen kann. Bis zum 1,5 fachen ist angesagt!

Dabei geht es nicht nur um die reine Wasseraufnahme: Über den Schweiß werden Elektrolyte ausgeschieden. Das sind vor allem Natrium, Chlorid, Kalium, Kalzium und Magnesium. Während die meisten erst später über die Basiskost wieder kompensiert werden, verdient das Natrium einer besonderen Beachtung!

Natrium bindet Wasser und ist für dessen Aufnahme im Organismus elementar! Wenn wir den Natriumverlust nicht ausgleichen, dann scheidet der Körper das vorher getrunkene Wasser zügig wieder aus! Trinken wir Wasser mit zu niedrigem Salzgehalt, dann kann es im schlimmsten Fall sogar zu einer Verdünnungshyponatriämie kommen: Der Natriumgehalt im Blut ist eigentlich normal, die Flüssigkeitsmenge jedoch zu hoch. Eine Verdünnungshyponatriämie tritt häufig bei Sportlern auf, die mehrere Stunden im Wettkampf unterwegs sind, dabei zu viel Wasser zu sich nehmen, und gleichzeitig eine ausreichende Salzzufuhr vernachlässigen.

Damit kann ein zu viel an Flüssigkeit, beziehungsweise ein zu geringer Salzgehalt, genauso gefährlich sein, wie ein zu wenig: Das überschüssige Wasser führt zu einem ernsthaften Natriummangel. Die Folgen können Verwirrung, Krämpfe, Atemprobleme, Bewustlosigkeit und sogar der Tod sein. Mit der

Flüssigkeit sollte man also immer auch auf eine ausreichende Natriumzufuhr achten. Am einfachsten geht das über Kochsalz: ein Gramm enthält 400 Milligramm Natrium.

Da das Hungergefühl nach intensiven Belastungen zeitlich verzögert eintritt, bietet sich die Verwendung kohlenhydrathaltiger Getränke an. So werden gleichzeitig auch die Energiespeicher wieder gefüllt.

Glykogenspeicher auffüllen

Der Körper speichert in Leber und Muskulatur bis zu 500g Kohlenhydrate. Bei intensiven Belastungen werden sie zur Energiegewinnung herangezogen.

Die Speicher sollten nach der Belastung möglichst schnell wieder aufgefüllt werden. Das Zeitfenster von 30 bis 60 Minuten haben wir bereits angesprochen. Hier erfolgt die Einlagerung besonders schnell und effektiv. Generell liegt die Resyntheserate bei etwa 5 Prozent. In den ersten beiden Stunden unmittelbar nach der Belastung sind es etwa 7-8 Prozent, so dass es insgesamt knapp einen Tag dauert, bis die Speicher wieder voll sind.

Starte also möglichst schnell nach der Belastung mit der Kohlenhydrataufnahme! Nimm in der ersten halben Stunde mindestens 1,1g Kohlenhydrate pro Kilogramm Körpergewicht zu Dir! Da der Insulinspiegel unmittelbar nach der Belastung weniger stark ansteigt, eignen sich Nahrungsmittel mit einem hohem Zuckeranteil. Sie werden schnell aufgenommen.

Die Geschwindigkeit der Glykogenresynthese bleibt in den ersten beiden Stunden nach der Belastung deutlich erhöht, so dass die Speicher mit einer kohlenhydratbetonten Ernährung weiter aufgefüllt werden können. Eine feste Mahlzeit mit hohem Anteil leistet gute Dienste. Danach geht man dann sukzessive wieder zu normaler Basiskost über.

Muskelstrukturen reparieren

Eiweiß ist lebensnotwendig, es dient als Baustoff der Körperzellen, stabilisiert das Immunsystem und unterstützt damit auch die Regeneration. Der Körper kann Eiweiß nicht speichern, daher sollte es in jeder Mahlzeit enthalten sein.

Der Eiweißstoffwechsel kann bei intensiven Belastungen in einer Stunde bis zu 30g Muskeleiweiß zur Energiebereitstellung beisteuern. Um die geschädigte Muskulatur wieder möglichst schnell zu reparieren, sollte nach der Belastung auch genügend Eiweiß aufgenommen werden. Hier vor allem die verzweigtkettigen Aminosäuren Leuzin, Isoleuzin und Valin.

Ein zusätzlicher Effekt ist die effizientere Aufnahme der Kohlenhydrate, so dass wir die Füllung der Glykogenspeicher positiv beeinflussen können. Ein Verhältnis Eiweiß zu Kohlenhydrate von 1:3 bis 1:5 ist optimal.

Säure-Basen-Haushalt ausgleichen

Der Organismus driftet während intensiver Belastungen immer weiter in Richtung eines sauren Milieus. Der Körper scheidet dann auch verstärkt Kalzium und Stickstoff aus. Damit verliert er wertvolle strukturelle Reserven und baut Knochen und Muskulatur ab. Eine Zufuhr von Nahrungsmitteln mit basischer Wirkung hilft dabei, dass der Säure-Basen-Haushalt möglichst schnell wieder ins Gleichgewicht kommt. Vor allem nach den ersten Ernährungsmaßnahmen in den Stunden nach der Belastung.

Empfehlenswerte Lebensmittel sind Obst und Gemüse, hier vor allem Rosinen, Bananen, Kiwi, Spinat, Karotten, Zucchini oder Kartoffeln.

Schlaf

Ein erholsamer Schlaf hat eine ganz zentrale und herausragende Bedeutung für die physische, psychische und mentale Leistungsfähigkeit. Mit dem Tiefschlaf beginnt in nahezu allen Organen eine Phase der Erholung, der Erneuerung und des Wachstums. Durch die Ausschüttung von Wachstumshormonen und die Bildung neuer Immunzellen repariert sich der Körper selbst. Im Schlaf wird auch das Immunsystem stabilisiert und gestärkt.

Der Parasympathikus wird stimuliert, so dass sich der Muskeltonus verringert und die Muskulatur entspannt. Herzfrequenz und Blutdruck sinken, der Körper kann sich vom Stress des Tages erholen!

Deshalb ist erholsamer Schlaf für die Regeneration so wichtig!

Die notwendige Schlafdauer ist individuell recht unterschiedlich, das Schlafbedürfnis in Phasen umfangreicher Trainings- und Wettkampfbelastungen jedoch stark erhöht.

Was zeichnet einen guten und erholsamen Schlaf aus?

Von gesundem Schlaf sprechen wir, wenn sich die Schlafzyklen regelmäßig wiederholen, ohne dass man dabei längere Wachphasen durchlebt.

Die für die Regeneration besonders wichtigen Phasen des Tiefschlafs werden im Lauf der Nacht immer kürzer. Ergo: Die ersten Stunden des Nachtschlafs sind die wichtigsten!

Wie lang sollte der Schlaf ausfallen?

Das ist individuell ganz unterschiedlich, manche kommen mit weniger aus, vor allem in Phasen großer physischer und/oder psychischer Belastung benötigt man deutlich mehr Schlaf. Normalerweise geht man von sieben bis neun Stunden aus. Bekommt man zu wenig Schlaf, fährt auch der Stoffwechsel herunter,

Hunger und Appetit nehmen zu. Beobachte Dein Empfinden, so dass Du ein eventuelles Schlafdefizit ausgleichen und Deine Schlafdauer entsprechend anpassen kannst!

Lärm und Licht können sich störend auf die Schlafqualität auswirken. Sorge möglichst für ein ruhiges, abgedunkeltes Schlafzimmer. Eine Temperatur von 15 bis 20°C ist optimal.

Bei Schlafproblemen greifen viele zu *Medikamenten* oder *Alkohol*. Man bekämpft damit nur die Symptome, behebt aber nicht die Ursachen des Problems! Außerdem kann man davon schnell abhängig werden, der Organismus gewöhnt sich an die „Einschlaf-Unterstützung".

Medikamente sollten nur nach Absprache mit dem Arzt und möglichst nur über begrenzte Zeiträume eingesetzt werden.

Alkohol unterstützt zwar mitunter das Einschlafen, kann aber die Tiefschlafphase massiv beeinträchtigen. Was natürlich nicht gegen ein gelegentliches Gläschen Wein oder Bier am Abend spricht.

Power Nap

Profis trainieren mehrmals am Tag. Um auch in der zweiten Trainingseinheit fit zu sein, nutzen sie oft eine Ruhepause mit einem kleinen Power-Nap über den Mittag.

Nicht jeder kann sich über den Mittag ein kleines Nickerchen erlauben, oft stehen berufliche oder soziale Verpflichtungen im Weg. Aber auch viele ambitionierte Freizeitsportler gehen regelmäßig ins Trainingslager. Hier spielt der Sport dann für eine gewisse Zeit die Hauptrolle im Leben. Die Belastungen sind in solchen Trainingslagern teilweise enorm, ein Mittagsschlaf kann wertvolle Dienste leisten und in den Tagesablauf integriert werden.

Was ist bei einem Power-Nap zu beachten?

Im Prinzip sind zwei unterschiedliche Strategien erfolgversprechend.

Einerseits kann bereits ein kurzer Schlaf von bis zu 30 Minuten erholsam sein und für den weiteren Tagesverlauf erfrischend wirken.

Andererseits ist ein kompletter Schlafzyklus von etwa 75 bis 90 Minuten natürlich optimal. Hier durchläuft der Athlet auch die für den Regenerationsprozess so wichtige Tiefschlaf-Phase, in der die wesentlichen Reparaturprozesse im Körper angestoßen werden!

Was weniger günstig ist, ist eine Unterbrechung der Tiefschlafphase. Es kann dazu führen, dass man sich erst einmal erschöpfter fühlt als vor dem Nickerchen. Also besser den Mittagsschlaf auf 30 Minuten begrenzen, oder gleich auf 90 ausdehnen!

Tipps zum optimalen Schlaf

- Geh ins Bett wenn Du wirklich müde bist!

- Halte regelmäßige Schlafzeiten ein!

- Sorge für ein angenehmes Schlafklima: wenig Lärm, dunkles Zimmer, angenehme Temperatur (15 – 20°C).

- Verzichte eine Stunde vor dem Einschlafen auf Fernsehen, Computer, Handy,.....

- Keine üppige und/oder schwer verdauliche Mahlzeiten in den drei Stunden vor dem Schlaf!

- Kein Alkohol unmittelbar vor dem Zubettgehen!

- Kein Koffein in den Abendstunden!

Faszienmassage

Faszienmassage regt den Stoffwechsel an. Das führt zu einer besseren Flüssigkeits- und Nährstoffversorgung der Faszien und der dazugehörenden Organe. Damit unterstützt es die muskuläre Regeneration. Durch mechanischen Druck regen wir die Blutzirkulation an und lösen Verspannungen und Bindegewebsverklebungen. Sie entstehen einerseits durch die muskuläre Belastung im Training, können andererseits aber auch durch Überlastungen oder Fehl- und Schonhaltungen und den damit verbundenen Sauerstoffmangel verstärkt werden.

Die Hartschaumrolle ist ein einfaches und kostengünstiges Hilfsmittel für die Selbstmassage. Die Massage regt die Durchblutung an, Stoffwechselendprodukte können besser abtransportiert werden.

Faszien reagieren sowohl auf physischen, als auch auf psychischen Stress, durch die Druckbehandlung mit der Hartschaumrolle werden Entspannung und Regeneration begünstigt.

Die Massage kann vor allem zu Beginn sehr schmerzhaft sein. Durch die mechanische Behandlung lösen sich aber bereits innerhalb kürzester Zeit Verspannungen und Verklebungen im Gewebe, so dass das Schmerzempfinden deutlich nachlässt.

Durch das Ausrollen verbessern sich Beweglichkeit und Flexibilität des Bindegewebes und durch die Entspannung stellt sich ein ausgeprägter „Wohlfühl-Effekt" ein.

Hartschaumrollen gibt es in unterschiedlichen Härten. Alternativ und ergänzend kann man auch Bälle nutzen. Es gibt sie ebenfalls in unterschiedlicher Härte und Konsistenz.

Der Athlet rollt nacheinander seine Muskelgruppen über der Rolle. Die Bewegung wird langsam, geschmeidig und kontrolliert durchgeführt, durch leichte Gewichtsverlagerung erfasst man eine große Muskelfläche. An verspannten und schmerzhaften Stellen wird der Druck auf die Verhärtung punktuell verstärkt. Nach etwa zehn bis fünfzehn Ausrollungen lösen sich Verhärtungen und das Schmerzempfinden lässt langsam nach.

Die Massage kann zur Muskelentspannung nach dem Sport, an einem Ruhetag, aber genau so gut als Ergänzung zum Aufwärmen eingesetzt werden.

Abb.: Faszienmassage mit der Hartschaumrolle

Ermüdungsmonitoring

Gerade für ältere Athleten ist es im Rahmen der Regeneration durchaus sinnvoll, seinen Ermüdungsstatus zu bestimmen um drohende Überlastungen frühzeitig zu erkennen. Moderne Fitnessuhren bieten die Möglichkeit das Stresslevel abzuschätzen. Meist findet das über die Bestimmung der sogenannten Herzfrequenzvariabilität statt. Sie ist ein Indikator für den Ermüdungszustand des Sportlers.

Regeneration und Ermüdung hängen unmittelbar voneinander ab, so dass sich mit dem erfassen des Ermüdungszustandes auch der aktuelle Regenerationsstand eines Sportlers sehr gut abschätzen lässt.

Ermüdungsprozesse laufen auf ganz unterschiedlichen Ebenen des Organismus ab, so dass die Bestimmung eines allgemeinen Ermüdungs-, beziehungsweise Regenerationsstatus, so schwierig ist. Vor allem für das Erkennen eines Übertrainings ist eine ganzheitliche Betrachtung des Athleten unumgänglich!

In den letzten Jahren wurden in zahlreichen Studien verschiedenste Marker und Methoden zur Bestimmung des Regenerationsstatus untersucht. Leider zeigten sich dabei keine eindeutigen und allgemein gültigen Ergebnisse: Sportler reagieren auf Belastungen individuell sehr unterschiedlich. Nach momentanem Kenntnisstand existiert kein einzelner Parameter, über den sich der Grad der Ermüdung, beziehungsweise Regeneration, auf den einzelnen Ebenen des Organismus eindeutig ablesen lässt.

Einen deutlichen Hinweis auf Ermüdung liefert die aktuelle, maximale sportartspezifische Leistungsfähigkeit. Ist sie eingeschränkt, so kann dies auf ein Regenerationsdefizit hindeuten.

Neben objektiven Messmethoden, sollten immer auch Erfahrungswerte und subjektive Eindrücke, sowie Befindlichkeiten des Sportlers in die Bewertung der Regeneration mit einfließen. Eine umfassende und standardisierte Dokumentation von Training und Wettkämpfen hilft: Dabei erfasst man Umfang (Dauer/Strecke), sowie Intensität (Herzfrequenz, Geschwindigkeit, Leistung, Kalorienverbrauch,....) aller Einheiten. Erhöhte Beanspruchungsparameter, bei identischen Trainingsbelastungen, deuten unter Umständen auf eine mangelhafte Regeneration hin. Trotz allem sind die Werte aber mit Vorsicht zu betrachten. Ursachen können ebenso auf anderen Gegebenheiten beruhen und auf organische Schäden, Infekte oder andere Krankheiten hindeuten.

Wir werden nachfolgend eine einfache Methode zur Bewertung des Regenerationsstatus vorstellen. Sie kann in den Alltag integriert werden und als Hilfsmittel für die Trainingssteuerung dienen. Es handelt ich um den orthostatischen Herzfrequenz-Test der sich der bereits erwähnten Bestimmung der Herzfrequenzvariabilität bedient.

Orthostatischer Herzfrequenz-Test

Der Orthostatische Herzfrequenz-Test kann dabei helfen, eine optimale Balance zwischen Training und Regeneration zu finden.

In der Zwischenzeit nutzen viele Leistungssportler diesen relativ einfach durchzuführenden Test, der aussagekräftige Daten über die Verarbeitung von Trainings- und Wettkampfbelastungen liefert. Man benötigt eine Pulsuhr, die die Bestimmung der Herzfrequenzvariabilität bietet.

Der Orthostatische Herzfrequenz-Test basiert auf der Messung von Herzfrequenz- und Herzfrequenzvariabilität.

Die Herzfrequenzvariabilität ist ein Parameter der Herzfunktion. Das Herz schlägt generell nicht mit absoluter Regelmäßigkeit. Der zeitliche Abstand zwischen zwei Schlägen ist immer leicht unterschiedlich. Diese Variabilität wird durch das autonome Nervensystem beeinflusst.

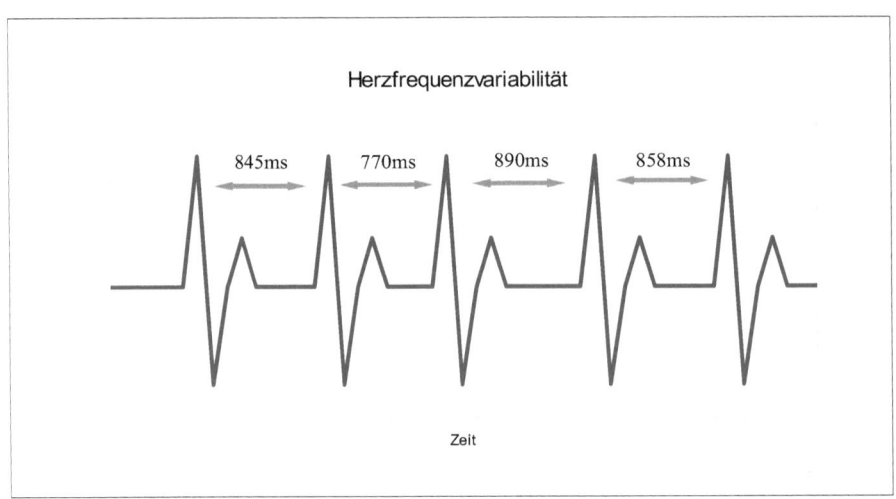

Abb.: Herzfrequenzvariabilität beim Herzschlag

Durch körperliche Beanspruchung, oder psychische Belastung, kommt es zu einer Erhöhung der Frequenz bei gleichzeitig verminderter Variabilität. Eine Anpassung an Belastungen zeigt sich in einer generell größeren Variabilität. Unter chronischem Stress ist sie wegen der beständig hohen Anspannung mehr oder weniger eingeschränkt und reduziert.

Die Herzfrequenzvariabilität ist damit eine Kenngröße für die Bewertung physischer und psychischer Belastungen und kann zur Beurteilung des vegetativen Zustands genutzt werden. Eine Abnahme nach hohen Belastungen deutet auf Ermüdung und unzureichende Regeneration hin. Eine kontinuierliche Zunahme spricht für eine positive Belastungsverarbeitung und einen besseren vegetativen Zustand. Um den Regenerationsstatus sicher zu bewerten, reicht aber die alleinige Betrachtung der Herzfrequenzvariabilität nicht aus. Für eine genauere Aussage und das Monitoring nutzen wir den Orthostatischen Herzfrequenz-Test. Er berücksichtigt neben der Variabilität auch eine Veränderung der Frequenz bei einem Lagewechsel von liegender zu stehender Position.

Die Kombination aus Herzfrequenz und -variabilität liefert Hinweise auf eine unzureichende Regeneration. Da sie individuell sehr unterschiedlich ausfallen, müssen sie immer über einen längeren Zeitraum betrachtet werden. Faktoren, die Einfluss haben, sind unter anderem:

Erhöhte Variabilität durch:

- ➡ gesunde Ernährung
- ➡ stressarme Lebensführung
- ➡ regelmäßiger Sport
- ➡ ausreichender Schlaf
- ➡ genügend Regeneration

Verminderte Variabilität durch:

- ➡ Stress (psychisch & physisch)
- ➡ Alter
- ➡ Alkohol
- ➡ Übertraining

- Nikotin
- Koffein
- Übergewicht

Im ersten Schritt misst man die morgendlichen Werte von Herzfrequenz und -variabilität. Das Ganze über mehrere Tage, bei weitestgehend lockeren Trainingseinheiten. Damit ermitteln wir die individuelle Baseline. Sie ist im weiteren Verlauf die Referenz für die Bewertung des Regenerationsstatus.

Testdurchführung

Der Orthostatische Tests läuft nach folgendem Schema ab:

- 3-5 Minuten Messung im liegen
- langsames aufstehen
- 3-5 Minuten Messung im stehen

- Erfasste Parameter: Herzfrequenz, Herzfrequenzvariabilität (RMSSD-Wert)

Ergebnisinterpretation

Aus dem Orthostatischen Test werden die Herzfrequenz, sowie der RMSSD-WERT (Root Mean Square of Successive Differences), als Mittelwert für die liegende und stehende Position berechnet.

Der RMSSD-Wert ist die Variabilität der Herzschläge und gilt als Standardmaß für die parasympathische Herzregulation. Das bedeutet, dass sich an seinem Wert der Einfluss des Parasympathikus für Erholungs- und Regenerationsvorgänge ablesen lässt. Für die Interpretation der Messung ergeben sich prinzipiell unterschiedliche Szenarien.

Baseline

Die Baseline dient als Referenzwert für einen leistungsfähigen, erholten Athleten mit gutem Regenerationsstatus: Die Herzfrequenz in liegendem Zustand ist niedrig und steigt während des Aufstehens rasch an. Die anschließende Gegenregulation senkt die Herzfrequenz wieder ab und pegelt diese auf einem stabilen Niveau ein. Der RMSSD-Wert zeigt im Stehen eine etwa drei- bis vierfache Abnahme gegenüber dem Liegendwert.

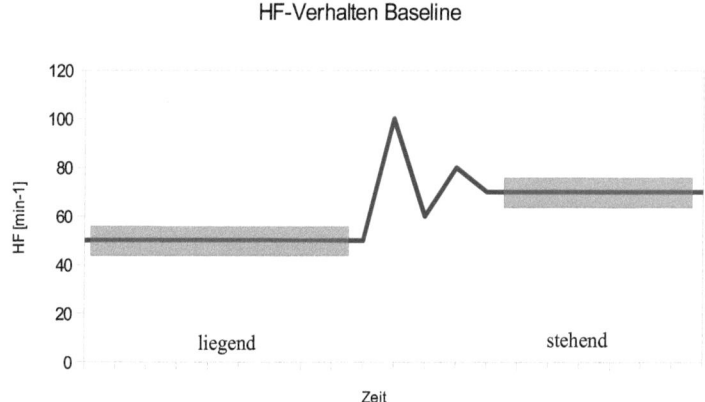

HF-Verhalten Baseline

Nach hochintensivem Training

Mehrtägiges, hochintensives Training kann eine starke sympathische Regulation bewirken, so dass im Gegenzug die parasympathische Aktivität verringert ist: Die Herzfrequenz ist sowohl im Liegen als auch im Stehen erhöht. Der RMSSD-Wert sinkt sowohl im Liegen als auch im Stehen.

Nach volumenorientiertem und hochintensivem Training

Die Kombination aus volumenorientiertem und hochintensivem Training bedeutet einen enormen Trainingsstress. Das resultiert in einer größeren Differenz zwischen der Herzfrequenz im Liegen und im Stehen. Der RMSSD-Wert im Stehen ist erniedrigt, im Liegen ändert er sich kaum.

Länger währender hoher Trainingsstress

Bei hohem Trainingsstress über einen längeren Zeitraum, kommt es sowohl im Liegen als auch im Stehen zu niedrigeren Werten bei der Herzfrequenz. Die Gegenregulation während des Aufstehens bleibt weitestgehend aus. Der Unterschied der Herzfrequenz im Liegen und Stehen fällt sehr gering aus. Die RMSSD-Werte erhöhen sich.

Beim Orthostatischen Test fließt nicht nur die Trainingsbelastung in die Bewertung ein, auch alltägliche Reize wie Schlafmangel, oder psychischer Stress, beeinflussen das Testergebnis. Somit ist eine akkurate Anpassung des Trainings möglich.

HF-Verhalten nach hochintensivem Training

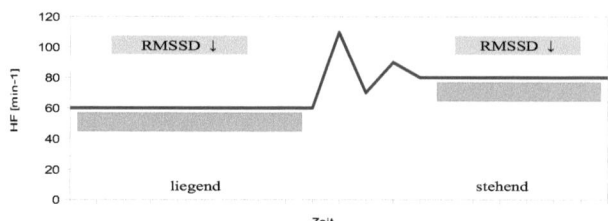

HF-Verhalten nach volumenorientiertem und hochintensivem Training

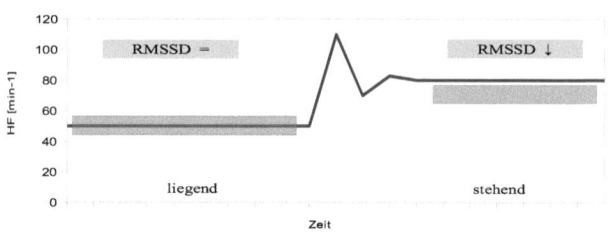

HF-Verhalten nach längerwährendem hohem Trainingsstress

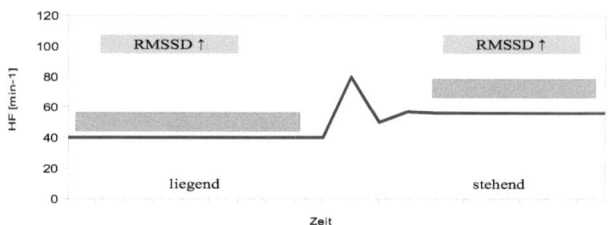

Anhang

Literatur & Internet

Literatur

Anderten/Pels/Raven/Kleinert: Bedeutung der Befindlichkeit zur Regenerationssteuerung. In: Leistungssport 5/2014. phillipka- Sportverlag; Münster 2014

Andrä/Bleuel/Pfitzer: Funktionelles Faszientraining mit der Blackroll. Riva-Verlag; München 2015

Bassett,D.R.jr, Howley,E.T.: Maximal oxygen uptake: „classical" versus „contemporary" viewpoints. Medicien and Science in Sports and Exercise. 29/1997

Bauhaus/Andrian-Werburg/Braun: Ernährungsstrategie für Langstreckenläufer. In: leichtathletiktraining 6/2019; philippka Sportverlag; Münster 2019

Bompa, O.Tudor; Haff, Gregory: Periodization, Fitth Edition. Human Kinetics; Champaign, USA 2009

Bossmann, Thomas: Übertrainingsforschung – ein problemorientierter Rück- und Ausblick. In: Leistungssport 6/2012. phillipka- Sportverlag; Münster 2012

Bossmann, Thomas: Ermüdung – Erkenntnisse und Schlußfolgerungen. In: Leistungssport 5/2014. phillipka- Sportverlag; Münster 2014

Boyle, Michael: Functional Training: Das Erfolgsprogramm der Spitzensportler; riva Verlag, München 2010

Boyle, Michael: Fortschritte im Functional Training; riva Verlag, München 2011

Bosquet, L., Leger, L, Legros, P.: Methods to determine aerobic endurance. Sports Med 32: 675-700. 2002

Bruder, Anna: Für immer fit. In: triathlon spezial 1/2021, spomedis Verlag, Hamburg

Eilers/Wetjen: Der schmale Grat. In: Triathlon 8/2018. spomedis Verlag, Hamburg 2018

Esteve-Lanao et al. (2007): Impact of training intensity distribution on performance in endurance athletes. Journal of Strength Conditining Research 21, 943-949

Faude, Oliver / Meyer Tim: Regeneration im Leistungssport. In: Leistungssport 3/2012. phillipka Sportverlag; Münster 2012

Fitzgerald, Matt: Topfit am Start. Delius-Klasing Verlag, Bielefeld, 2013

Freiwald, Jürgen: Optimales Dehnen; spitta Verlag; Balingen 2009

Friedrich, Wolfgang: Optimale Regeneration im Sport; spitta Verlag, Balingen 2011

Friel, Joe: Schnell + Fit ab 50. Covadonga Verlag; Bielefeld 2015

Fröhlich/Müller/Schmidtbleicher/Emrich: Outcome-Effekte verschiedener Periodisierungsmodelle im Krafttraining. In: Deutsche Zeitschrift für Sportmedizin 10/2009

Gambetta, Vern: Athletic Developement; Human Kinetics; Champaign, USA 2007

Gambetta, Vern: Following the functional path; Human Kinetics; Champaign, USA 2002

Granata, Jamnick, Bishop: Training-Induced Changes in Mitochondrial Content and Respiratory Function in Human Skeletal Muscle. In: Sports Medicine, 6/2018

Graumann/Walter/Krapf: Regeneration: Jeden Tag erholt, ausgeschlafen und erfolgreich; riva-Verlag, München 2019

Güllich, Dr. Arne: Sport. Das Lehrbuch für das Sportstudium. Springer Verlag; Berlin 2013

Hoppeler, et. al.: Trainingsintensitätskonzepte im Ausdauerbereich. Trainer Enquete; Bregenz 2007

Hoppeler, et al: Hochintensives Intervall Training - Schock-Mikrozyklen. SHPL – Institut für Anatomie der Universität Bern; Schweiz, 2008

Hoppeler, et al: Hochintensives Intervall Training - Trainingssteuerung. SHPL – Institut für Anatomie der Universität Bern; Schweiz, 2008

Hottenrott: Herzfrequenzvariabilität im Sport. Feldhaus-Verlag; Hamburg 2002

Hottenrott, K & Gronwald T.: Bedeutung der Herzfrequenzvariabilität für die Regenerationssteuerung. In: Leistungssport 5/2014. phillipka- Sportverlag; Münster 2014

Issurin, Vladimir: Block Periodization. UAC Verlag; Michigan, USA 2008

Jentschura, Peter; Lohkämper, Josef: Gesundheit durch Entschlackung; Jentschura-Verlag, Münster 2010

Kandel, Baeyens & Clarys: Somatotype, training an performance in Ironman athletes. In: European Journal of Sport Science 7/2013

Kinzlbauer/Binnig/Achterberg: Kraft, Ausdauer, Fitness, Leistung, Radmarathons: Abbauprozesse im Alter -und wie man dagegen antrainiert. In: Rennrad 4/2021, BVA BikeMedia GmbH, Ismaning

Laursen,P.B; Jenkins,D:G.: The scientific basis for high-intensity interval training: Optimising training programmes and maximising performance in highly trained endurence athletes. Sports Medicine 32(1): 53-73.

Laursen/Buchheit: Science and Application of High-Intensity Interval Training; Human Kinetics, Champaign 2019

Lepers/Sultana/Bernard/Hauswirth/Brisswalter: Age related changes in Triathlon Performances; International Journal of Sports Medicine 31, 2010

McGuigan, Mike: Monitoring Training and Performance in Athletes. Human Kinetics Verlag, Champaign, IL 2017

Neuman, Georg: Physiologische Grundlagen von Spitzenleistungen. 26. Internationales Triathlon Symposium Niedernberg. Feldhaus-Verlag, Hamburg 2012

Noaks,T.D.: Physiological Models to understand exercise fatigue and the adaptions that predict or enhance athletic performance. Scandinavian Journal of Medicine and Science in Sports, 10(3) / 2000

Pollock/Foster/Knapp/Rod/Schmidt: Effect of Age and Training on Aerobic Capacity and Body Composition of Master Athletes; Journal of Applied Physiology 62, 1987

Regeneration spezial. In: tour 8/2012; Redaktion tour, München 2012

Ribbecke, Thorsten: Regenerationsstrategien; Richard Pflaum Verlag, München 2018

Schneider, Franz J: Schlaf – der ruhige Weg zum sportlichen Erfolg. In: Leistungssport 5/2014. phillipka- Sportverlag; Münster 2014

Seiler Ks., Kjerland Go.: Quantifying training intensity distribution in elite endurance athletes: is there evidence for a „optimal" distribution? In: Scandinavian Journal of Medicine and Science in Sports 16, 49-56. 2006.

Spork, Peter: Das Schlafbuch. Rowohlt Verlag, Reinbek 2019

Sterken, E.: Age grading: from the cradle to the grave: how fast can we run. In: Journal of Sports Sciences, 2003

Stöggl/Sperlich: Polarized Training has greater impact on key endurance variables than threshold, high intenity or high volume training. In frontiers in physiology 2/2014

Tabata I. et. al. (1996). "Effects of moderate-intensity endurance and high-intensity intermittent training on anaerobic capacity and VO2max". *Med Sci Sports Exerc.* 28 (10): 1327–30

Van Dijk/Van Megen: Das Geheimnis des Laufens. Meyer&Meyer Verlag, Aachen 2017

Valk, Raymond: Gezielte Regeneration als Leistungsförderer. In: Leistungssport 3/2012. phillipka- Sportverlag; Münster 2012

Vogt/Breil/Weber/Hoppeler: Intervalltraining zur Verbesserung der VO_{2max}. SHPL – Institut Anatomie der Universität Bern; Schweiz 2005

Vogt/Brügger/Schütz/Wehrlin/Umberg/Aeschlimann/Matter/Bürgi: Physiologische Trainingsintensitätszonen. Fachgruppe Ausdauer Swiss Olympic; Maggingen Schweiz 2005

Wacker/Wacker: 300 Fragen zur Säure-Basden-Balance. Gräfe und Unzer Verlag; München 2008

Wahl et al.: Thesen zum High Intensity Training. Deutsche Sporthochschule; Köln 2009

Weineck, J: Optimales Training. Spitta-Verlag, Balingen 2010

Wisse/Pannekoek/van der Stelt: Eat Like an athlete. Meyer&Meyer Verlag; Aachen 2019

Tschiene, Peter: Ermüdung und Wiederherstellung bei anstrengender Muskelarbeit. In: Leistungssport 5/2014. phillipka- Sportverlag; Münster 2014

Internet

http://www.dissertationen.de

http://www.entsaeuern-entschlacken.com

http://www.leistungssport.net

http://www.medicalsportsnetwork.de

http://www.physiovital.de

http://www.sfsn.ethz.ch

http://www.shpl.ch

http://spomo.de

http://www.sponet.de

http://www.sportsandscience.de/

http://www.sport-und-training.de

http://www.triathlon-szene.de

http://zeitschrift-sportmedizin.de

Über den Autor

Stefan Schurr ist seit zwei Jahrzehnten als ausgebildeter Leichtathletik- und Triathlontrainer tätig. Er betreut Athleten unterschiedlicher Leistungsklassen und kann selbst auf eine lange sportliche Kariere zurückblicken. Als erfolgreicher Ironman-Triathlet weiß er von was er spricht.

Er hat bereits zahlreiche Artikel und Bücher über Trainingsplanung und -gestaltung sowie Wettkampfdurchführung veröffentlicht.

weitere Bücher auf amazon:

Regenerationsmaßnahmen für Sportler

Polarisiertes Training im Ausdauersport

Leistungsdiagnostik im Ausdauersport

Trainings- und Regenerationsmonitoring im Ausdauersport

SUB 10: Langdistanz - Triathlon für ambitionierte Athleten

Trainingsplanung & -steuerung im Ausdauersport: Block- & klassische Periodisierung als alternative Planungsmodelle ?!